国际服装丛书·营销

时尚零售供应链管理：
系统优化方案

蔡灿明 著

何 畏 柯 萌 译

中国纺织出版社有限公司

Fashion Retail Supply Chain Management: A Systems Optimization Approach, 1st Edition / by Tsan-Ming Choi / ISBN: 978-1-138-07424-8

著作权合同登记号：图字：01-2023-0630

图书在版编目（CIP）数据

时尚零售供应链管理：系统优化方案 / 蔡灿明著；何畏，柯萌译 . -- 北京：中国纺织出版社有限公司，2023.5
（国际服装丛书 . 营销）
书名原文：Fashion Retail Supply Chain Management---A Systems Optimization Approach
ISBN 978-7-5229-0153-4

Ⅰ . ①时… Ⅱ . ①蔡…②何…③柯… Ⅲ . ①服装—零售业—供应链管理 Ⅳ . ① F717.5

中国版本图书馆 CIP 数据核字（2022）第 239588 号

责任编辑：宗　静　朱冠霖　　特约编辑：徐铭爽
责任校对：江思飞　　　　　　　责任印制：王艳丽

中国纺织出版社有限公司出版发行
地址：北京市朝阳区百子湾东里 A407 号楼　邮政编码：100124
销售电话：010—67004422　传真：010—87155801
http://www.c-textilep.com
中国纺织出版社天猫旗舰店
官方微博 http://weibo.com/2119887771
天津千鹤文化传播有限公司印刷　各地新华书店经销
2023 年 5 月第 1 版第 1 次印刷
开本：710×1000　1/16　印张：7
字数：138 千字　定价：68.00 元

凡购本书，如有缺页、倒页、脱页，由本社图书营销中心调换

编委会

迈克尔·C.杰克逊（Michael C. Jackson），赫尔大学，英国

杰兹·约泽夫奇克（Jerzy Jozefczyk），弗罗茨瓦夫理工大学，波兰

东乔·佩特科夫（Doncho Petkov），东康涅狄格州立大学，美国

弗拉基米尔·托苏尔科夫（Vladimir Tsurkov），俄罗斯科学院，俄罗斯

王守阳（Shouyang Wang），中国科学院，中国

编辑咨询委员会

菲利普·陈（C.L. Philip Chen），澳门大学，中国

狄增如（Zengru Di），北京师范大学，中国

劳尔·埃斯佩霍（Raul Espejo），Syncho有限公司和世界系统与控制论组织，英国

基思·W.希佩尔（Keith W. Hipel），滑铁卢大学，加拿大

刘宝碇（Baoding Liu），清华大学，中国

纳根德拉·纳格鲁尔（Nagendra Nagarur），纽约州立大学宾汉姆顿分校，美国

约翰·波德纳德（John Pourdehnad），宾夕法尼亚州立大学，美国

布莱恩·霍华德·鲁德尔（Brian Howard Rudall），世界系统和控制论组织研究所和班戈大学，英国

鲁道夫·沙伊德尔（Rudolf Scheidl），约翰内斯开普勒林茨大学，奥地利

马库斯·施瓦宁格（Markus Schwaninger），圣加仑大学管理研究所，瑞士

前言

　　时尚零售供应链是以零售商为主导的多级动态系统，其中时尚产品、相关信息和资金在源点和消费点之间正反向流动。时尚零售供应链的管理决策很大程度上靠消费者的需求来驱动。在过去的几年里，对时尚零售供应链管理相关问题的研究越来越多，尽管其中大多是基于实证分析和探索性案例研究。撰写这本书的想法源于时尚零售供应链管理的重要性以及在此背景下的理论分析较少，并通过系统优化分析方法探索不同的重要课题。我相信，这本书将成为这一重要课题的开创性著作。

　　本书共有7章。第1章介绍了本书的主题和大致内容。第2章研究了时尚零售供应链中客户服务管理上的挑战，同时讨论了分析性和概念性工具；提出了供应链服务协调，并在分析中考虑消费者福利。第3章探讨了两种经典库存模型及其各自时尚零售供应链系统中的协调问题。为实现协调，讨论了激励协调方案。第4章研究了时尚零售供应链中流行且常见的有效客户响应系统，验证了消费者福利系数的关键作用。第5章讨论了市场不确定性背景下时尚零售供应链中新产品的选择问题。第6章介绍了一些解析模型，用于评估有风险的时尚零售供应链信息系统项目。第7章是本书的结尾，讨论了各种管理见解和未来的研究方向。值得一提的是，本书的每一章都可以作为一篇独立的文章，并且每章中的符号都是一致的。

　　就潜在受众而言，我认为本书适合对时尚零售供应链管理和零售运营管理感兴趣的研究人员和从业人员。对于相关专业的本科生和研究生来说，这也是一本很好的参考书。事实上，本书所涵盖的许多材料都是基于我自己在MBA或MA课程中所使用的讲义。因为这本书的目标读者群相当广泛，我有意降低模型的复杂度，具有微积分基础知识的读者就可以轻松理解大部分的分析结果。

蔡灿明博士

香港理工大学

2013年12月

关于作者

　　蔡灿明（Jason）目前在中国香港理工大学任教。在过去的几年中，他积极参与各种供应链管理和应用优化的研究项目。

　　他撰写或编辑了10本研究指南，并受邀担任各种主流期刊的客座编辑，负责编辑20期相关话题的特刊。他在同行评审的学术期刊上发表了大量论文，例如《运筹学年刊》（*Annals of Operations Research*）、《自动化》（*Automatica*）、《计算机与运筹学》（*Computers and Operations Research*）、《决策支持系统》（*Decision Support Systems*）、《欧洲运筹学杂志》（*European Journal of Operational Research*）、《IEEE自动控制汇刊》（*IEEE Transactions on Automatic Control*）、《IEEE自动化科学与工程学报》（*IEEE Transactions on Automation Science and Engineering*）、《IEEE产业情报学报》（*IEEE Transactions on Industrial Informatics*）、《IEEE系统、人与控制论汇刊（A、B、C部分）》［*IEEE Transactions on Systems，Man，and Cybernetics（Parts A，B，C；Systems）*］；《国际生产经济学杂志》（*International Journal of Production Economics*）、《国际生产研究杂志》（*International Journal of Production Research*）、《时尚营销与管理杂志》（*Journal of Fashion Marketing and Management*）、《运筹学会杂志》（*Journal of the Operational Research Society*）、《纺织学会杂志》（*Journal of the Textile Institute*）、《欧米茄》（*Omega*）、《生产与运营管理》（*Production and Operations Management*）、《服务科学》［*Service Science（INFORMS Journal）*］、《供应链管理：国际期刊》《纺织研究期刊》《旅游管理》《交通研究—E部分》等。

　　他目前担任区域编辑、副编辑、客座编辑的杂志有《运筹学年刊》《亚太运筹学杂志》（*Asia-Pacific Journal of Operational Research*）、《决策科学》（*Decision Sciences*）、《决策支持系统》《欧洲管理杂志》（*European Management Journal*）、《IEEE产业情报学报》《IEEE系统、人与控制论汇刊—系统，信息科学》（*IEEE Transactions on Systems，Man，and Cybernetics–Systems，Information Sciences*）、《运筹学会杂志》《生产与运营管理》及其他各种运营管理和信息系统期刊。同时也是中国香港IEEE系统、人与控制论学会（香港）［IEEE–SMC（HK）］和生产与运作管理学会（香港）［POMS（HK）］这些专业组织的执行委员会成员或职员。

　　蔡灿明于2008年获中国香港理工大学校长"校长特设杰出成就奖"。在2011年中国香港中文大学工程学院成立二十周年校庆之际，被评为该学院系统工程及工程管理学系杰出校友。近期，他获得了2013年IEEE SMC学会的最佳编委奖。在2004年秋季加入现学系之前，他曾任中国香港中文大学助理教授。他是电气与电子工程师学会（IEEE）、运筹学与管理学研究协会（INFORMS）、美国国际科技协会（ITAA）、POMS、制造和服务运营管理（MSOM）和管理控制系统（SMC）等国际知名专业组织和协会的成员。

目录

时尚零售供应链管理——简介

摘要

时尚零售供应链管理（FRSCM）是一个极其重要的话题。在第一章中，首先讨论了时尚零售供应链的含义，然后给出了时尚零售供应链管理的正式定义。之后，本章对本书进行概述，分别介绍了每个章节，还回顾了一些相关文献。

关键词

时尚零售供应链管理、客户服务、库存管理、有效客户响应、新产品开发、均值—风险分析、信息系统项目管理、系统工程

1.1 什么是时尚零售供应链管理

近年来，学术界和从业人员对"零售供应链管理"的兴趣与日俱增（Agrawal和Smith，2009）。这一趋势是由现实世界的现象推动的，即沃尔玛（Walmart）等大型零售商的出现，它们管理着各自的供应链。此外，越来越多的供应链成员（包括上游和下游成员）意识到，它们的运营受到零售市场上消费者偏好的显著影响。因此，即使是实力雄厚的传统制造商，在制定供应链相关运营战略时，现在也愿意听取零售商的意见。

在时尚业中[1]，时尚零售供应链指的是以零售商为主导的多级动态系统，其中时尚产品、相关信息和资金在源点和消费点之间正反向流动。时尚零售供应链的共同特征包括：①它们以零售为主导；②它们的系统通常是随机的，一直存在着

---

[1] Fashion（时尚）这个词指的是许多不同种类的产品，从服装和鞋类到时髦配饰以及外观美等。

各种不确定性（需求、服务和价值）；③它们产品的生命周期短（Chiu等，2011；Choi，2011）；④时装零售供应链系统中的决策很大程度上受消费者需求驱动。因此大家都知道，在时尚零售供应链系统中寻求一个最优决策是非常具有挑战性的。

对于时尚零售供应链管理的定义，我参考并借鉴了供应链管理专业人士委员会（CSCMP 2013）对供应链管理的定义：

"时尚零售供应链管理包括时尚零售供应链中所有活动的计划和管理，其中涉及采购、转化以及所有物流管理活动。它包括与供应链合作伙伴的协调和合作。实质上，时尚零售供应链管理结合了时尚零售供应链内部和整个供应链的供需管理，目标是在零售商的领导下满足客户的需求。"

根据以上时尚零售供应链管理的定义，本书着重从"系统优化"的角度对时尚零售供应链系统进行优化和协调。

1.2 本书概述

近几年，对时尚零售供应链管理相关问题的研究越来越多。然而，它们中大多是基于实证分析和探索性的案例研究。编写这本书是因为时尚零售供应链管理在实践中的重要性，以及文献中的理论分析相对较少。本书通过系统优化分析方法，探讨了时尚零售供应链管理的各种重要又合时宜的课题。这些课题被编写为单独的章节，其中每一章都可以作为独立的文章。每章分别介绍了各自的解析模型或框架，并讨论了它们的用处或影响。大部分章节包含数值算例，以更好地说明模型的适用性。许多章节也给出了数值敏感性分析，以便产生更多见解。下面将大致介绍这本书剩余的每章内容。

第2章作为首个专业性章节，专门对客户服务管理进行了分析和讨论。从时尚零售供应链管理的定义来看，很明显，顾客的需求至关重要。实际上，先前的研究表明，许多消费者离开零售店是因为他们找不到想要的产品（Gruen等，2002），可能是因为糟糕的库存和分类计划，也可能是产品可用性管理方案执行不力（DeHoratius和Ton，2009），这与公司库存服务政策相关。因此，如何制订和实施最优客户服务计划至关重要。第2章研究了时尚零售供应链系统中的客户服务和服务质量管理，论述了客户服务在时尚零售中的重要性，提出像库存服务、准时交货等客户服务的量化绩效指标，紧接着结合目前应用非常广泛的零售业服务质量量表（RSQS）模型，研究RSQS模型下的核心维度。基于RSQS模型构建一个形式化解析模型，得出时尚零售商和整个时尚零售供应链的最优服务水平。研究发现，由于双重边际化效应带来的影响，在纯批发定价契约下，时尚零售商的最优服务水平（在分散决策下）低于整个时尚零售供应链系统的最优服务水平。这直接意味着分散决策下的时尚零售供应链系统并不是最优的。为了优化时尚零售供应链系统（即协调该系统），提出一种基于"批发定价和收益共享"合约的寄售契约。形式化分析证明，该寄存合约可以优化时尚零售供应链系统，实现上游供应商、下游时尚零售商、消费者，以及整个时尚零售供应链都从中受益的共赢局面（与以前采用纯批发定价契约的情况相比）。为了更好地说明订立契约机制，我编写了一个简单的数值算例。最后，第 2 章研究了戴明的质量管理框架，并讨论其对时尚零售供应链系统中客户服务质量改进项目实施的影响。

第 2 章探讨了客户服务管理，第 3 章重点探讨了库存管理以及与之相关的协调挑战。确切地说是回顾和研究了两个基本的库存模型，即 EOQ 模型（Choi，2013）和报童模型（Choi，2012）。通过示例加以说明这些模型与时尚零售库存问题的关系。推导出每种模型的闭合式最优库存订货批量。文中给出了说明性数值算例。回顾了这两个库存模型之后，进一步分析它们的时尚零售供应链系统。证明在分散决策下，无论是基于 EOQ 模型的时尚零售供应链系统还是基于报童问题的时尚零售供应链系统，时尚零售商和供应链系统的最优订购量均是不同的。因此，供应链并不是最优的。为了克服系统低效问题，本章对优化系统的方法（意味着实现供应链协调）进行分析性检验（Chen 等，2010；Chiu 等，2011），通过数值分析得出各种管理方面的见解。

快时尚是一种产业趋势（Bhardwaj 和 Fairhurst，2010；Caro 和 Gal-lien，2010；Choi，2014）。为了实施快时尚战略，时尚零售供应链必须首先实现有效顾客响应系统，以减少库存周期，同时供应链可依据消费者需求变化做出快速反应（Choi 和 Sethi，2010；Cachon 和 Swinney，2011）。在第 4 章中，探究了有效消费者反应系统对时尚零售供应链的影响。基于文献，文中利用贝叶斯信息更新模型（Choi，2007），构建一个形式化解析模型进行分析。不同于以往的相关研究，本书将消费者福利纳入分析范围。从分析中发现，有效的消费者反应系统对时尚零售商是有利的。然而，意外的是，有效的消费者反应系统对消费者和制造商是有害还是有益，取决于消费者福利系数在其中发挥的作用。明确地说，通过研究发现，如果消费者福利系数足够大，有效客户响应系统会损害制造商的利益，同时也会损害消费者福利。但是，如果消费者福利系数足够小，有效客户响应系统会给制造商带来好处，改善消费者福利，这直接促成一个多方共赢的局面（即时尚零售商、制造商、顾客和整个时尚零售供应链都受益于有效客户响应系统）。本章还研究了时尚零售供应链协调的挑战，解析地论证了怎样制定削价契约来实现协调。最后，进行数值敏感性分析揭示不同重要模型参数的影响。

在第 5 章中，研究了时尚零售商要面临的新产品的选择问题，检验了两种不同的情景。在情景一中，假设新产品的需求遵循两种市场状态，这两种状态的出现依赖于一个共同的外部因素（如经济形势）。经济形势良好（高）或糟糕（低）的可能性与特定的候选新产品无关，因此假设所有候选新产品出现高或低市场需求分布的概率相同，即使它们的具体需求分布参数不同。在情景二中，设想每种产品具有完全相同的高低需求分布参数。然而，对于每个候选新产品，每个需求分布出现的概率是不同的。解析地证明了在这两种情况下，时尚零售商都可以通过找到预期平均需求最高的新产品来确定要推出的最佳新产品。有意思的是，研究表明时尚零售商的最优新产品选择决策也将是制造商和整个时尚零售供应链系统的最优决策。因此，时尚零售供应链系统会依据最优新产品选择决策自动协调。书中给出的数值敏感性分析表明，如果零售价格提高、市场清仓价提高、批发价降低，以及产品制造成本降低，那么整个时尚零售供应链系统都会受益。

在时尚零售供应链管理中，使用信息系统十分必要。然而，多功能的时尚零售供应链管理信息系统成本高昂，相关的项目通常被视为"高风险"。第6章回顾了经典均值—风险模型来评估时尚零售供应链管理的信息系统项目。具体而言，为了进行收益和风险分析，本章提出了两种模型，即经典的均值—方差模型和改进的均值—半方差模型。它们都来自获得诺贝尔奖的均值—方差投资组合理论（Markowitz，1959）。通过数值算例对模型进行细节分析和证明模型的适用性。之后，讨论了基于概率的安全第一目标法（Roy，1952），并分析探讨了其与均值—方差模型的关系。最后，提出了如何利用信息系统组合来帮助时尚零售商确定信息系统项目的优先顺序，从而加强时尚零售供应链的管理。

在第7章中，总结了这本书中一些重要的管理见解，并讨论了时尚零售供应链管理未来研究的几个潜在领域。

如上所述，本书涵盖了时尚零售供应链管理中的几个关键课题。对解析优化模型进行了探讨，并讨论了其管理意义。据我所知，这是第一本用系统优化的方法来探讨时尚零售供应链系统的书，因此就这个适时又重要的课题而言，它具有开创性。

参考文献

Agrawal, N. & Smith, S.A. (2009) Retail supply chain management: Quantitative models and empirical Studies. *International Series in Operations Research & Management Science*, 122.

Bhardwaj, V. & Fairhurst, A. (2010) Fast fashion: Response to changes in the fashion industry. *The International Review of Retail, Distribution and Consumer Research*, 20, 165–173.

Cachon, G.P. & Swinney, R. (2011) The value of fast fashion: Quick response, enhanced design, and strategic consumer behavior. *Management Science*, 57, 778–795.

Caro, F. & Gallien, J. (2010) Inventory management of a fast-fashion retail network. *Operations Research*, 58, 257–273.

Chen, H., Chen, Y.H., Chiu, C.H., Choi, T.M. & Sethi, S. (2010) Coordination mechanism for supply chain with leadtime consideration and price-dependent demand. *European Journal of Operational Research*, 203, 70–80.

Chiu, C.H., Choi, T.M. & Tang, C.S. (2011) Price, rebate, and returns supply contracts for coordinating supply chains with price dependent demand. *Production and Operations Management*, 20, 81–91.

Choi, T.M. (ed.) (2014) *Fast Fashion Systems: Theories and Applications*. CRC Press.

Choi, T.M. (ed.) (2013) Handbook of EOQ inventory problems: Stochastic and deterministic models and applications. *International Series in Operations Research & Management Science*, 197.

Choi, T.M. (ed.) (2012) Handbook of newsvendor problems: Models, extensions and applications. *International Series in Operations Research & Management Science*, 176.

Choi, T.M. (2007) Pre-season stocking and pricing decisions for fashion retailers with multiple information updating. *International Journal of Production Economics*, 106, 146–170.

Choi, T.M. & Sethi. S. (2010) Innovative quick response programmes: A review. *International Journal of Production Economics*, 127, 1–12.

DeHoratius, N. & Ton, Z. (2009) The role of execution in managing product availability. In: Agrawal & Smith (eds.) *Retail Supply Chain Management: Quantitative Models and Empirical Studies*, Chapter 4, Springer.

Gruen, T.W., Corsten, D.S. & Bharadwaj, S. (2002) Retail Out-of-Stocks: A Worldwide Examination of Extent, Causes and Consumer Responses. Grocery Manufacturers, of America, The Food Marketing Institute, and CIES.

Roy, A.D. (1952) Safety first and the holding of assets. *Econometrica*, **20**(3), 431–449.

Markowitz, H.M. (1959) *Portfolio Selection: Efficient Diversification of Investment*, John Wiley & Sons, New York.

The Council of Supply Chain Management Professionals (CSCMP 2013): Definition of Supply Chain Management (Accessed 12 December 2013). Available from: http://cscmp.org/about-us/supply-chain-management-definitions.

时尚零售供应链中的客户服务管理

摘要

本章研究了时尚零售供应链中的客户服务和服务质量管理。第一，讨论了客户服务在时尚零售供应链管理中的重要性。第二，针对客户服务管理提出了不同的量化绩效指标。第三，回顾了关于时尚零售的零售服务质量量表（RSQS）的概念模型。第四，基于RSQS模型，构建一个形式化解析模型，得出了时尚零售商和整个时尚零售供应链的最优服务水平。本章证明了在分散式时尚零售供应链中，在纯批发定价契约下，最优零售服务水平低于时尚零售供应链系统的最优服务水平，纯批发定价契约下的分散式时尚零售供应链并不是最优的。因此提出一种基于"批发定价和收益共享方案"的寄存售契约，用来协调时尚零售供应链系统，实现上游供应商、下游时尚零售商和顾客三方共赢的局面。书中还给出了解释性的数值算例。最后，用戴明著名的十四点来验证戴明的质量管理框架。针对戴明的每一个观点，进一步讨论其观点对时尚零售供应链系统中服务质量管理的启示。

关键词

客户服务、RSQS模型、优化、服务协调、戴明的十四点

2.1　引言

在时尚零售供应链中，顾客是核心部分，满足顾客的需求至关重要。一直以来，客户服务可以理解为让客户满意的一种方法。在时尚零售供应链中，实现高质量的客户服务意味着在正确的时间、地点，以正确的质量和价格向顾客提供所需的时尚产品。例如，在海恩斯莫里斯（H&M）和飒拉（Zara）这样的快时尚公司中，供应的具体产品的特点（如款式、颜色和尺寸等）都受消费者偏好驱动。像陆地

尽头（Lands' End）和布克兄弟（Brooks Brothers）这样提供量身定做服务的时尚零售商来说，它们的大规模定制商业策略恰恰是以客户服务为重点（Liu等，2012；Choi，2013）。

在时尚零售供应链中，为了达到高水准的客户服务，可以广泛实施有效客户响应策略（也称快速响应）❶。例如，加拿大零售业巨头哈德逊湾（Hudson's Bay）作为有效客户响应战略的先驱，与制造商结成联盟。依据它们的战略联盟计划，为了便与哈德逊湾合作，制造商有义务安装计算机信息系统（包括EDI）。此外，制造商还要承担额外的责任，例如，哈德逊湾要求制造商在发货前在待售商品贴上正确标签、条形码和价格标签。整个计划是为了缩短交货期，意味着哈德逊湾可以迅速响应市场需求，并根据其最新的消费者需求和偏好信息告知制造商确切的运输目的地。另一家国际零售巨头沃尔玛（Walmart）在实现高库存、高客户服务方面也非常成功。主要在于，沃尔玛与其供应商密切合作，并要求供应商及时提供与运输状况、交货时间表、数量、账单等相关的信息。同时，沃尔玛将其销售信息提供给多个供应商，以便实施供应商管理库存（VMI）方案。供应商参考沃尔玛提供的顾客需求、零售库存、目标零售库存服务水平等相关信息，主要负责库存补充的决策和安排。因为这个方案改善了供需之间的匹配关系，沃尔玛就能降低存货成本、减少降价次数，并提升客户服务水平（通过降低缺货率）。

毫无疑问，客户服务在时尚零售供应链中至关重要❷。本章针对时尚零售供应链系统，讨论了建立客户服务战略的定性和定量措施。

本章其余部分的结构如下。2.2节讨论了各种常用的客户服务量化的绩效标准。2.3节探讨了零售服务质量量表模型。2.4节介绍了戴明质量管理的十四要点的框架。2.5节是本章的结论。

2.2 客户服务绩效考核量化

在时尚零售供应链管理中，针对客户服务采用绩效考核量化的方法是发展趋势。主要原因是：如果没有量化指标，很难评判当前客户服务系统的好坏，以及不同建议措施的意义。因此，为了能制定出客户服务战略，从而到达良好的客户服务水平，首先要对客服服务进行评估。

在时尚零售供应链管理中广泛采用的措施有：

（1）库存服务水平：对于库存服务水平，存在着不同的详细分类和定义。简而言之，时尚零售商的高库存服务意味着客户想要的时尚产品缺货的可能性很小。

---

❶ 本书将在第四章讨论有效客户响应系统。

❷ 人们普遍注意到，服务可以成为零售商获得竞争优势的一种方法（Hall、Portues，2000；Kurata、NaM，2010）。

例如，时尚零售商采用一些新式的库存管理做法之后，有效客户响应系统（Iyer和Bergen，1997）、库存服务水平通常能达到95%。

（2）准时交货：运输是时尚零售供应链管理的重要环节。假设一位顾客从耐克官网订购了一双批量定制的鞋子。公司在网上承诺交货时间为3周（从下单到收货）。这个3周服务承诺实现的概率无疑是一项重要的客户服务。因而对于这种准时交货服务，应该制定相应的客户服务标准。

（3）次品率：在服装界，发现有次品是很常见的。瑕疵可能是因为制造或分销过程中的质量管理方案不佳。也可能是别的原因，例如贴错标签（大号衬衫贴成中号）。由于时尚零售业销售的是时尚产品，所以次品率是体现产品质量以及相关客户服务的一项绩效指标。

（4）顾客投诉的数量：时尚零售运营涉及多个方面。一旦某个方面做得不好或令人不满意时，客户就会投诉。因此，从零售运营的角度来看，投诉的数量或客户（或VIP会员）投诉的百分比可以反映客户服务水平。所以它也是衡量客户服务的重要标准。

2.3　零售服务质量量表

2.3.1　概念模型及相关研究

顾客进入时尚零售店时对于服务质量的期望和感知，已在文献（Parasuraman等，1985；Gagliano和Hathcote，1994；Kim和Jin，2002）中进行过研究。之后在零售业的客户服务管理领域，开发出一个叫作零售服务质量量表（RSQS）的成熟模型（Dabholkar等，1996）。依据Choi等人的研究（2013），可以知道时尚零售业中RSQS模型下的零售服务质量可以从以下多个维度进行考察：

（1）实体性：这个维度主要是指与时尚零售商相关的功能要素。例如，商店布局、视觉营销、实体设施的便利性等都与之有关。产品质量、颜色和风格也包括在内。总的来说，这一基础性的服务维度对所有时尚零售商来说都至关重要。

（2）可靠性：这是指零售商能否信守为顾客服务的承诺，提供顾客所需的服务和产品，并在时尚零售运营中实施保护顾客的措施。

（3）人员互动：这一维度包括指导时尚零售商的工作人员怎样去解答疑问、给予意见和时尚建议、提供适当的服务、回应客户要求的态度等。这个方面对时尚零售业尤其重要，因为这种零售业务高度依赖人员互动。

（4）问题解决：这个维度包括解决技术问题（如产品特性和功能）、处理顾客退货、换货和其他投诉等问题。

请注意，上述维度都是面向客户的，因此RSQS是一种以消费者为导向的模型。在相关文献中，一些研究对时尚零售业的RSQS模型进行过验证。例如，Leen和Ramayah（2011）研究了时尚专卖店的零售服务。实证研究发现，RSQS的所有维度都适用于衡量零售服务质量。他们进一步提出，时尚专卖店的零售服务质量与消费者行为的各个维度有关，如到店频率、消费者的购买意愿和个人推荐。Choi等人（2013）对时尚精品店服务运营的实证研究表明，RSQS模型是一个统计上有效的结构。他们通过差异分析发现，在RSQD模型的所有维度中，问题解决维度在消费者期望的服务和感知的服务之间的差距最大。之后，他们基于优化模型进行分析研究，聚焦于博弈竞争的环境下，从解决问题这一维度，确定时尚精品店的最优服务决策。他们的分析证明，如果一个关键参数表述为相关问题解决的服务差异对需求的敏感度，当这个关键参数足够大或足够小时，同类精品店之间的零售竞争将缩小最佳问题解决的差异。他们还通过分析来揭示RPDDS影响问题解决的最佳服务差异的变化方式。

2.3.2　基于RSQS的系统优化模型

本节设想出一个特定的时尚零售供应链，其中包括一个上游供应商（如知名的时尚品牌）和一个下游时尚零售商（如零售店）。继供应链管理中的主流分析之后，将重点放在单个的时尚产品并分析其盈利能力。假设时尚零售商考虑在RSQS模型下优化其某一维度的服务质量（因为该维度是最关键的）。文中用s表示这个维度的服务水平。由于更高的服务水平意味着更高的客户效用，从而产生更高的要求。因此得出以下关于服务的线性需求函数：

$$D(s) = a + bs$$

根据Xiao等人（2012）和Choi等人（2013）的观点，假设服务成本为一个二次函数。具体来说，为了达到s级的服务级别，实际成本为：

$$K(s) = \frac{1}{2}ks^2$$

其中，时尚产品的单位零售价为r[1]，单位批发价为w，供应方单个产品成本为m。因此可以将时尚零售商的利润函数表示为：

$$\pi_{retail}(s) = (r - w)D(s) - K(s)$$
$$= (r - w)(a + bs) - \frac{1}{2}ks^2$$

对$\pi_{retail}(s)$求关于s的一阶和二阶导数，得到以下内容：

---

[1]　请注意，尽管许多研究会同时考虑定价和服务水平（如So，2000），但在下文中假设价格是外生决定的。

$$\frac{d\pi_{retail}(s)}{ds} = (r-w)b - ks,$$

$$\frac{d^2\pi_{retail}(s)}{ds^2} = -k < 0$$

从二阶导数可以看出，$\pi_{retail}(s)$是一个严格的凹函数。求解一阶条件，可以得到时尚零售商的最佳服务水平（用s^*_{retail}表示）：

$$\frac{d\pi_{retail}(s)}{ds} = 0 \Rightarrow s = \frac{(r-w)b}{k}$$

因此

$$s^*_{retail} = \frac{(r-w)b}{k}$$

从s^*_{retail}的解析表达式可以直接看出，时尚零售商的最优服务水平随着零售价格r和服务需求敏感性系数b的增加而增加，却随着批发价格w和服务成本系数k的减少而增加。因此，越高的零售价格，越大的服务需求敏感性越系数、越低的批发价格和越小的服务成本系数会产生更高水平的最优时尚零售服务。

接下来，本书将讨论整个时尚零售供应链系统。由于产品成本为m，整个时尚零售供应链的利润为$\pi_{SC}(s)$，那么如下所示：

$$\pi_{SC}(s) = (r-m)D(s) - K(s)$$
$$= (r-m)(a+bs) - \frac{1}{2}ks^2$$

检验$\pi_{SC}(s)$关于s的二阶导数可以看出它是一个严格凹函数：

$$\frac{d\pi_{SC}(s)}{ds} = (r-m)b - ks,$$

$$\frac{d^2\pi_{SC}(s)}{ds^2} = -k < 0$$

因此，通过求解相应的一阶条件，可以找到时尚零售供应链系统的最优服务水平s^*_{SC}：

$$\frac{d\pi_{SC}(s)}{ds} = 0 \Rightarrow s^*_{SC} = \frac{(r-m)b}{k}$$

由于在大多数的传统批发业务中，批发价格w大于产品成本m，即$w>m$，所以得出命题2.1：

命题2.1：在$w>m$的纯批发定价方案下，时尚零售供应链系统的最优服务水平大于时尚零售商的最优服务水平，即$s^*_{SC}>s^*_{retail}$。

命题2.1的证明：通过直接比较s^*_{SC}和s^*_{retail}，得出：

$$w > m \Rightarrow = \frac{(r-m)b}{k} > \frac{(r-w)b}{k} \Rightarrow s^*_{SC} > s^*_{retail} \quad \text{(Q.E.D.)}$$

命题2.1表明，时尚零售供应链系统的最优服务水平不同于时尚零售商向市场提供的最优服务水平。因此，时尚零售供应链系统不是最优的（称为"不协调"），也不是最有效率的。这种情况实际上是双重边际效应导致的，在时尚零售供应链中存在着两个利润率，即时尚零售商的利润率和时尚零售供应链系统的利润率。因此，关于这两个不同利润率的最优服务水平决策是不同的。

为了实现时尚零售供应链的最佳化，时尚零售商和供应商可以考虑将传统的纯批发定价模式转变为类似于寄售的定价模式（Wang等，2004；Li等，2009；Zhang等，2010；Sarker，2013），其中供应商按成本价向时尚零售商提供产品，即设定 $w=m$，然后供应商与时尚零售商分享每售出一件商品的收益。这样一来，双重边际效应不复存在，时尚零售供应链得到优化。本文在命题2.2中总结了研究结果。

命题2.2： 时尚零售供应链可以通过寄售合同来协调服务水平决策，其中产品的批发价等于单位成本（ $w=m$ ），供应商和时尚零售商之间就有一个收益共享方案：

命题2.2的证明： 通过直接比较 s_{SC}^* 和 s_{retail}^* ，得出：

$$w=m \Leftrightarrow \frac{(r-m)b}{k}=\frac{(r-w)b}{k} \Leftrightarrow s_{SC}^*=s_{retail}^* (\text{Q.E.D.}) \qquad （2-1）$$

请注意，由于时尚零售供应链的利润等于供应商和时尚零售商的利润之和，当时尚零售供应链系统优化时（即服务水平等于 s_{SC}^* ），它们各自的利润也是最大的。因此相比不协调（纯批发定价方案下）的时尚零售供应链系统，协调的时尚零售供应链系统中，这块"利润蛋糕"达到最大，还会有利润盈余。然后供应商和时尚零售商可以商讨如何分享这些盈余，这将在时尚零售供应链系统中创造共赢局面。这一论点为时尚零售商和供应商实施命题2.2中提出的供应合约提供了支撑。值得一提的是，假设在提议的寄售方案下，时尚零售商将享受供应商以成本价提供的产品，并将其收入的 λ 比例分给供应商。为了同时实现双赢和供应链协调，必须划分好收益共享比例。首先定义两个参数，然后给出命题2.3来总结这一重要结果。

w_0 =使用寄售契约前的单位批发价，

$$s_{retail}^*(w_0)=\frac{(r-w_0)b}{k},$$

$$\underline{\lambda}=\frac{(w_0-m)[ak+(r-w_0)b^2]}{(r-m)[ak+(r-m)b^2]},$$

$$\bar{\lambda}=\frac{(w_0-m)[ak+\frac{1}{2}(2r-w_0-m)b^2]}{(r-m)[ak+(r-m)b^2]},$$

$$\Delta\lambda=\bar{\lambda}-\underline{\lambda}$$

命题2.3： 时尚零售供应链可以通过寄售合约来实现协调共赢（即在时尚零售商和供应商之间建立协调共赢），其中产品按成本价（ $w=m$ ）供应，当且仅当 $\underline{\lambda}<\lambda<\bar{\lambda}$ ，时尚零售商将分享 λ 比例的收入给供应商。

命题2.3的证明：当$w=m$时，时尚零售供应链就会实现协调。要达到时尚零售商和供应商的双赢，就需要确保在拟议的寄售合同下，双方均可获得更大的利润（即在单位批发价等于w_0的纯批发价合约下）。因此，对于供应商来说，当且仅当其利润大于纯批发定价契约的利润时，才能通过寄售合同获得更大的利润：

$$\lambda(r-m)(a \mid bs^*_{SC}) > (w_0-m)[a+bs^*_{retail}(w_0)]$$

$$\Leftrightarrow \lambda > \frac{(w_0-m)[a+bs^*_{retail}(w_0)]}{(r-m)(a+bs^*_{SC})}$$

$$\Leftrightarrow \lambda > \frac{(w_0-m)\{a+b[(r-w_0)b/k]\}}{(r-m)\{a+b[(r-m)b/k]\}}$$

$$\Leftrightarrow \lambda > \frac{(w_0-m)(ak+(r-w_0)b^2)}{(r-m)(ak+(r-m)b^2)}$$

$$\Leftrightarrow \lambda > \underline{\lambda}$$

同样，对于时尚零售商而言，当且仅当以下条件为真时，才会通过寄售契约获得更大的利润：

$$(1-\lambda)(r-m)(a+bs^*_{SC}) - \frac{1}{2}ks^{*\,2}_{SC} > (r-w_0)[a+bs^*_{retail}(w_0)] - \frac{1}{2}ks^*_{retail}(w_0)^2$$

$$\Leftrightarrow (1-\lambda)(r-m)(a+bs^*_{SC}) > (r-w_0)[a+bs^*_{retail}(w_0)] - \frac{1}{2}ks^*_{retail}(w_0)^2 + \frac{1}{2}ks^{*2}_{SC}$$

$$\Leftrightarrow (1-\lambda) > \frac{(r-w_0)[a+bs^*_{retail}(w_0)] - \frac{1}{2}ks^*_{retail}(w_0)^2 + \frac{1}{2}ks^{*2}_{SC}}{(r-m)(a+bs^*_{SC})}$$

$$\Leftrightarrow \lambda < 1 - \left\{ \frac{(r-w_0)[a+bs^*_{retail}(w_0)] - \frac{1}{2}ks^*_{retail}(w_0)^2 + \frac{1}{2}ks^{*2}_{SC}}{(r-m)(a+bs^*_{SC})} \right\}$$

$$\Leftrightarrow \lambda < 1 - \left\{ \frac{(r-w_0)\left[a+\left(\frac{b^2(r-w_0)}{k}\right)\right] - \frac{1}{2}k\left[\frac{b(r-w_0)}{k}\right]^2 + \frac{1}{2}k\left[\frac{b(r-m)}{k}\right]^2}{(r-m)\left[a+\left(\frac{b^2(r-m)}{k}\right)\right]} \right\}$$

$$\Leftrightarrow \lambda < \frac{(w_0-m)[ak+\frac{1}{2}(2r-w_0-m)b^2]}{(r-m)[ak+(r-m)b^2]}$$

$$\Leftrightarrow \lambda < \bar{\lambda} \text{ (Q.E.D.)}$$

命题2.3给出了闭合解析表达式，用来管理设置收益共享比率的方式，从而在协调的供应链中实现双赢。此外，由于较高的服务水平使消费者受益，如果要考虑消费者福利，可以将基于一般客户服务水平的消费者福利函数定义如下，然后给出定义2.1。

$$CW(s)=\zeta(s)$$

其中$\zeta(\cdot)$是一个严格递增函数。

定义2.1：如果供应链系统是协调的，且制造商、时尚零售商、消费者和整个供应链系统都受益，那么整个时尚零售供应链就被称为协调共赢。

根据定义2.1和$CW(s)=\zeta(s)$，可以从命题2.3推导出定理2.1。

定理2.1：寄售合同以成本价供应产品，并提供$\underline{\lambda}<\lambda<\bar{\lambda}$的收益共享方案，创造了一个共赢的协调局面，即整个时尚零售供应链系统得到协调，制造商、时尚零售商、消费者和整个时尚零售供应链都有所改善。

定理2.1的证明：请注意，由于$CW(s)=\zeta(s)$是s的增函数，从命题2.1中知道协调情况下的服务水平高于分散不协调情况下的服务水平。因此，通过使用命题2.3中提出的寄售合同，$CW(s)$会比以前更高。这与命题2.3中证明的结果一起，充分证明了定理2.1（Q.E.D.）。

定理2.1显示了拟议的寄售合同的优势，可以为时尚零售供应链的每个成员（包括消费者）提供利益。因此，这确实是一个很好的激励协调方案。

2.3.3　数值算例

本节给出一个数值算例作为说明。假设对于特定的时尚零售供应链，需求函数如下：

$$D(s)=100+30s$$

服务成本是：

$K(s)=50^2$，即$k=100$。

时尚零售供应链中的成本和收益参数为：单位零售额$r=10$，单位批发价$w=6$，单个产品成本$m=4$。代入给定参数，可以得出时尚零售商的最优服务水平：

$$s^*_{retail}(w_0)=\frac{(r-w_0)b}{k}=\frac{(10-6)\times30}{100}=1.2$$

时尚零售商的相应利润是：

$$\pi_{retail}[s^*_{retail}(w_0)]=(r-w_0)[a+bs^*_{retail}(w_0)]-\frac{1}{2}ks^*_{retail}(w_0)^2$$

$$=(10-6)(100+30\times1.2)-50\times1.2^2$$

$$=472$$

当$s^*_{retail}(w_0)=1.2$时，时尚零售链供应链利润为：

$$\pi_{SC}[s^*_{retail}(w_0)] = (r - m)[a + bs^*_{retail}(w_0)] - \frac{1}{2}ks^*_{retail}(w_0)^2$$

$$= (10 - 4)(100 + 30 \times 1.2) - 50 \times 1.2^2$$

$$= 744$$

因此，当 $s^*_{retail}(w_0)=1.2$ 时，供应商的利润等于：

$$\pi_{SC}[s^*_{retail}(w_0)] - \pi_{retail}[s^*_{retail}(w_0)] = 272$$

同样，可以确定时尚零售供应链系统的最优服务水平：

$$s^*_{SC} = \frac{(r - m)b}{k} = \frac{(10 - 4) \times 30}{100} = 1.8$$

显然，通过数值假设可以得出 $s^*_{SC}=1.8$，这比 $s^*_{retail}=1.2$ 更大（命题2.1）。当 $s^*_{SC}=1.8$ 时，时尚零售供应链系统的相应利润为：

$$\pi_{SC}(s^*_{SC}) = (r - m)(a + bs^*_{SC}) - \frac{1}{2}ks^*_{SC}$$

$$= (10 - 4)(100 + 30 \times 1.8) - 50 \times 1.8^2$$

$$= 762$$

对比 $\pi_{SC}(s^*_{SC})$ 和 $\pi_{SC}[s^*_{retail}(w_0)]$，可以看到，如果时尚零售供应链进行协调，则存在762-744=18的利润盈余。此外，服务水平将有（1.8-1.2）/1.2=50%的提高［如果能使 $s^*_{SC}=s^*_{retail}(w_0)$，就可以协调时尚零售供应链］。因此，从消费者角度（服务水平越高越好）和利润角度来看，协调最优服务水平决策是一个不错的举措。根据命题2.2，仅通过一个包含 $w=m$ 和收益共享方案的寄售合同就能实现时尚零售供应链的协调。在示例中，设 $w=m$ 意味着单位批发价为4。对于收益共享方案，为了实现双赢，时尚零售商获得的利润必须比之前多。假设时尚零售商将与供应商分享其收入 λ 的一部分，那么时尚零售商在寄售合同下的利润就等于 $(1-\lambda)(r-m)(a+bs^*_{SC}) - \frac{1}{2}ks^{*2}_{SC}$，供应商的利润为 $\lambda(r-m)(a+bs^*_{SC})$。为了使时尚零售商在寄售合同下的利润大于不协调情况下的利润，例如，$\pi_{retail}[s^*_{retail}(w_0)]$，在此示例中，就需要：

$$(1 - \lambda)(r - m)(a + bs^*_{SC}) - \frac{1}{2}ks^{*2}_{SC} > 472$$

$$\Rightarrow (1 - \lambda)(10 - 4)(100 + 30 \times 1.8) - 50 \times 1.8^2 > 472$$

$$\Rightarrow (1 - \lambda)(924) > 472 + 162$$

$$\Rightarrow (1 - \lambda)(924) > 472 + 162$$

$$\Rightarrow \lambda < 31.3853\%$$

为了让供应商也能从时尚零售供应链的协调中获益，就需要供应商在协调的情况下的利润大于其在不协调的情况下的利润，即：

$$\lambda(r-m)(a+bs_{SC}^*) > 272$$

$$\lambda(924) > 272$$

$$\Rightarrow \lambda > 29.4372\%$$

因此，要对时尚零售供应链起到协调作用且实现双赢，那么寄售合同中：单位批发价为4，收益共享参数λ的范围是：29.4372%＜λ＜31.3853%。

2.3.4　数值敏感性分析

为了更好地理解不同参数如何影响收益分享参数λ的范围，从而实现共赢和协调，本节进行敏感性分析（以2.3.3节中使用的数值参数为基础）。结果如图2-1～图2-6所示（详细数字见本章附录表2-3～表2-8）。

从图2-1～图2-6可以确定变化趋势并构建表2-1。值得注意的是，Δλ越大，表明能够实现双赢协调的范围越大。这意味着在协调的供应链系统中，时尚零售商和制造商之间有更大的谈判空间来设定合同参数，以实现双赢。从表2-1可以得知，使λ范围更广的条件是：基本需求参数a越小、服务敏感度参数b越大、服务成本系

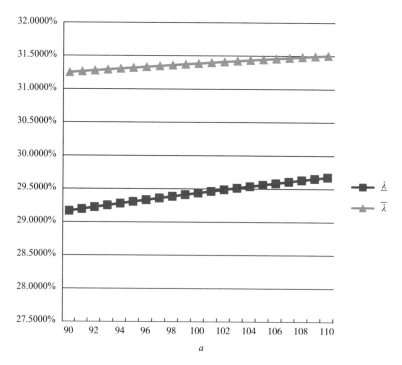

图2-1（a）　a发生变化对$\underline{\lambda}$和$\overline{\lambda}$的影响

数k越小、单个产品收入r越小、单位批发价w_0越高（在寄售合同前的纯批发价合同下）和单位产品制造成本m更小。这些条件也意味着，时尚零售商和制造商在设定双赢协调代销合同时，更具灵活性。

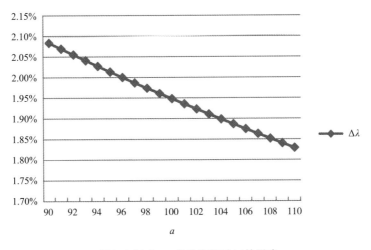

图2-1（b）　a发生变化对$\triangle \lambda$的影响

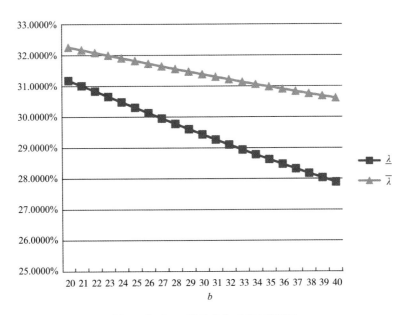

图2-2（a）　b发生变化对$\underline{\lambda}$和$\overline{\lambda}$的影响

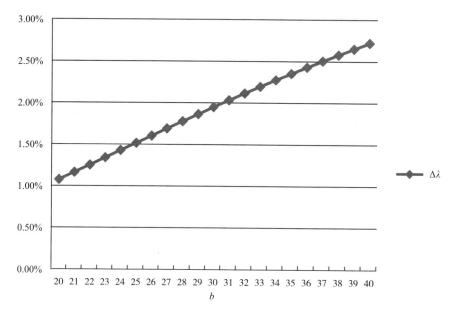

图2-2（b）　b发生变化对Δλ的影响

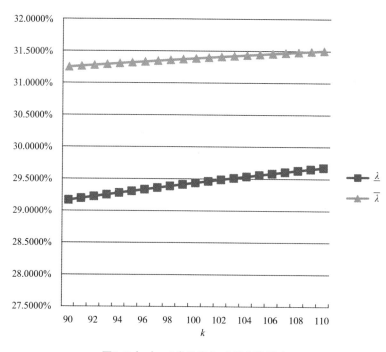

图2-3（a）　k发生变化对$\underline{\lambda}$和$\overline{\lambda}$的影响

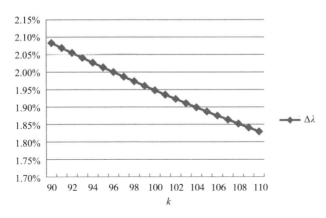

图2-3（b）　k发生变化对△λ的影响

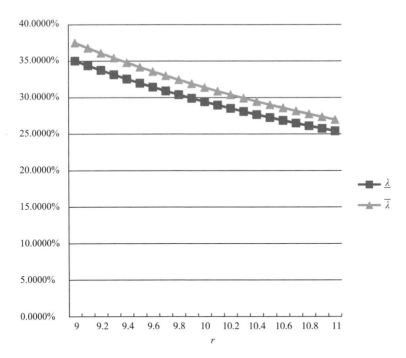

图2-4（a）　r发生变化对$\underline{\lambda}$和$\overline{\lambda}$的影响

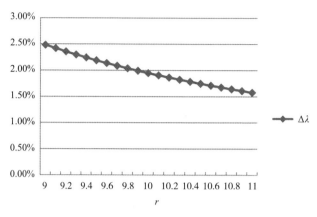

图2-4（b）　r发生变化对Δλ的影响

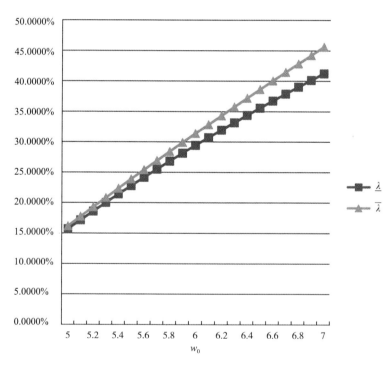

图2-5（a）　w_0发生变化对$\underline{\lambda}$和$\overline{\lambda}$的影响

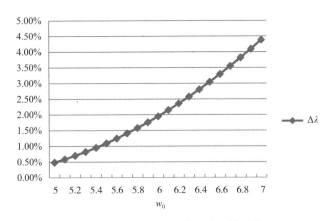

图2-5（b） w_0发生变化对$\triangle \lambda$的影响

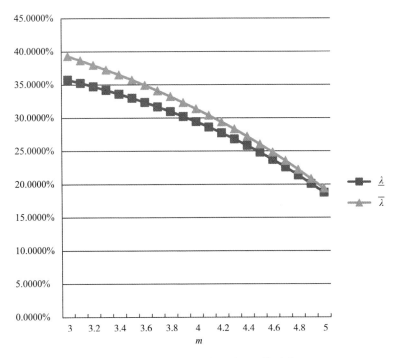

图2-6（a） m发生变化对$\underline{\lambda}$和$\overline{\lambda}$的影响

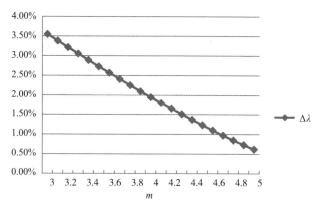

图2-6（b）　m发生变化对△λ的影响

表2-1　供应链实现双赢时关于收益共享比例的上界、下界及其范围的灵敏度结果

参数	$\underline{\lambda}$	$\overline{\lambda}$	$\Delta\lambda$
$a\uparrow$	↑	↑	↓
$b\uparrow$	↓	↓	↑
$k\uparrow$	↑	↑	↓
$r\uparrow$	↓	↓	↓
$w_0\uparrow$	↑	↑	↑
$m\uparrow$	↓	↓	↓

（↑=增大；↓=减小）

表2-2　适用于客户服务质量管理的戴明质量管理框架（基于戴明的十四点）

第1点：对客户服务质量的提高要有决心和恒心
第2点：采用新的客户服务质量管理理念
第3点：不要只是根据价格来做生意，考虑建立长期的买卖关系
第4点：停止依靠大规模检查来确保客户服务质量问题
第5点：加强沟通，破除部门间的藩篱
第6点：取消那些要求员工关于提高客户服务质量的口号
第7点：不断完善客户服务质量体系
第8点：加强对客户服务管理的领导
第9点：驱除员工报告客户服务问题的恐惧
第10点：清除剥夺员工在客户服务管理中获得自豪感的障碍
第11点：废除关于客户服务方面的工作定额
第12点：为改善客户服务开展在职培训
第13点：建立教育与自我提升机制
第14点：大家齐心协力提高客户服务质量

2.4　概念框架：戴明质量管理框架

顾客服务质量是时尚零售供应链系统中的一个重要问题。根据质量管理的经典文献，本章在这一部分讨论戴明的质量管理框架对提升时尚零售客户服务的适用性和影响[1]。首先，在表2-2中列出了戴明质量管理框架下的十四个要点（改编自Deming，1986，第18~96页；Forster，2004，第37页）。

在下文中，讨论了这十四点对时尚零售供应链系统中客户服务质量管理的启示。

（1）对客户服务质量的提高要有决心和恒心。在客户服务改进计划中，重要的是要有长期的承诺，并设定切实可行的伟大目标。

（2）采用新的客户服务质量管理理念。时尚界瞬息万变，客户对服务的期望也是变化的。因此，对于时尚零售商来说，如果想要提高客户服务质量，那么采用创新的理念。例如，在时尚零售业以客户服务而闻名的零售商诺德斯特龙，采用自下而上的管理方式，让一线员工（如商店的销售人员）在各种问题上有决策权，包括处理和接受顾客无条件退货（即使没有收据）。另外，当诺德斯特龙的某种产品脱销时，其销售人员甚至可能会去竞争对手的商店，以对方提供的价格购买产品，并把客户所需的产品带到诺德斯特龙，按诺德斯特龙的常规价格收费（Levy和Weitz，2007）。这种卓越的客户服务质量之所以能够实现，归结于诺德斯特龙对客户服务质量有着全新的理念。

（3）不要只是根据价格来做生意，考虑建立长期的买卖关系。时尚零售商为了实现低供应成本，往往倾向于选择在批发价方面提供最具吸引力的合同的供应商。因此，很多时尚零售商合作的产品制造供应商变更相当频繁。然而，这种只以价格为参考的成交机制会造成质量问题。在时尚零售供应链管理中，如果时尚零售商在选择供应商时只关注"价格"，那么交货延迟、产品质量差、供应缺乏灵活性等问题就会屡见不鲜。事实上，在几年前的中国香港，一家久负盛名的时尚零售商推行过电子采购计划，让供应商按"价格"来竞标合约。该方案运行不久后，这家时尚零售商意识到它造成了包括产品质量在内的诸多问题，最终放弃了电子采购计划。此外，从整个时尚零售供应链的角度来看，为了实现系统的最优化，可以通过建立一个有关客户服务的协调供应链，这需要实施一些激励匹配方案和战略联盟措施。然而，所有这些措施都要求供应商和时尚零售商之间建立长期关系。因而对于时尚零售商来说，必须停止只按价格来做生意。

---

[1]　这一框架，也被称为戴明的十四点，被广泛应用于质量管理。对日本和美国的工业产生深远影响。需要注意的是，戴明的质量管理框架在概念上与"系统优化"方案是一致的。

（4）停止依靠大规模检查来确保客户服务质量问题。质量问题的批量检查已经广泛实施。它既可用于产品质量检测，也可用于客户服务检查。然而，批量检查的缺点是，在检查过程中，就算发现了与质量有关的问题，也"为时已晚"，因为问题已经存在了一段时间。例如，一家时尚零售商可能每年对其客户进行两次定期的服务质量调查。然而，即使发现了一些质量问题，这些问题在调查之前就已经存在了一段时间。因此，这并不是最高效的服务质量改善计划。事实上，戴明建议首先改进产品和服务质量。对于质量检查，也应该在源头上持续进行。

（5）加强沟通，破除部门间的藩篱。在时尚零售供应链中，有不同的成员和团队，他们共同致力于实现高质量的客户服务。例如，为了达到较高的客户服务水平，供应方负责材料研究和产品设计的人员，以及零售方负责销售和营销的人员，必须协同工作，共同预见与其生产和销售的产品或服务相关的产品或服务的质量问题。因此，在不同团队和部门工作的人员之间，便捷的沟通和讨论是十分必要的。只有消除它们之间的壁垒，才能在时尚零售供应链系统中实现卓越的服务。

（6）消除要求员工关于提高客户服务质量的口号。在很多亚洲国家，标语非常流行和普遍。例如，亚洲许多时尚制造商和零售商，喜欢张贴"追求完美的服务质量""零缺陷""完美的客户服务"这类标语的横幅。然而，这些口号很多都是弊大于利的，因为它们是不切实际的。一段时间后，当工作人员意识到这些标语是空话或"不可能完成的任务"时，就会忽略它们。在一些亚洲国家，当上级拥有高于职位低的一线工作人员的超强权力时，许多口号甚至会给低职位的员工施加压力，这对改善服务是有害的。

（7）不断完善客户服务质量体系。以循序渐进的方式逐步提高客户服务质量是明智之举。例如，一家时尚零售商希望达到99%的优秀库存服务水平，而其目前的库存服务水平仅为85%。为此，时尚零售商可能会设定达到90%、95%、98%、99%的多个目标，并一次次地朝着这些里程碑迈进。为实现终级目标，时尚零售商需要对库存措施不断进行评估和微调。

（8）加强对客户服务管理的领导。为了提高客户服务质量，时尚零售商必须任命合适的人担任领导。这些领导不仅负责落实新的服务质量先进理念，而且要帮助其他员工把工作做得更好。此外，一位强有力的领导者也极其重要，他将指导和制定时尚零售公司乃至整个时尚零售供应链系统的服务质量改进策略。

（9）驱除员工对报告客户服务质量相关问题的恐惧。在一家公司，关于服务的坏消息向上传递的速度较慢。例如，商店经理可能发现了销售大厅存在客户服务质量问题。但是店长通常不会及时向上级汇报，因为担心被归类为无能或麻烦制造者。因此，许多与客户服务质量相关的问题会在公司内部传播得非常缓慢。在很多情况下，当高级管理层注意到服务发生问题时，为时已晚，公司已经蒙受了巨大的损失。因此，消除员工对报告公司客户服务质量相关问题的恐惧具有重要意义。

（10）清除使员工在客户服务管理中获得自豪感的障碍。有一条金科玉律：快乐的员工对公司更忠诚，那些在公司中感到更受尊重、对自己更自豪的员工更快乐。因此，作为一个时尚零售商，应该给予员工展示自己才华的机会，让他们受到尊重和获得奖励。如果员工在提高客户服务质量方面做了一些积极的事情，那么剥夺他们引以为豪的权利将是一个巨大的错误。

（11）废除关于客户服务方面的工作定额。这一点有些争议，但确实有积极的意义。例如，在某家时尚零售店，该公司可能将夹克衫的销售目标定为每天100件。考虑到这一目标，在需求看似低迷的糟糕日子里，销售人员往往会强行推销，甚至可能会撒谎，以提高销售额。这会导致糟糕的客户服务。相反，生意好的时候，前半天就已经达到业绩目标，销售人员可能会变得懒散，不努力为客户服务，也不争取推销当天的商品。这也会导致糟糕的客户服务。只要有"工作定额"，就会出现类似的情况。根据这个例子，如果从服务质量的角度来看，取消这类工作定额是有意义的。

（12）为改善客户服务开展在职培训。服务质量管理涉及许多新的思维方式和行动计划。仅靠传统的智慧是不够的，因此，为了确保公司的服务质量改进计划得到员工的忠实执行，必须提供正规的培训。值得一提的是，这里的培训是指时尚零售供应链中的员工需要的具体和必要的技能，从而提高客户服务质量。

（13）建立教育与自我提升机制。这一点与前面关于培训的观点是一致的。然而，与培训不同的是，教育和自我提升指的是为人处世的能力和非岗位技能，这些可能与客户服务质量提升计划没有密切联系。例如，一个时尚零售商，可以为员工提供相关教育的项目，指导他们正确应对焦虑和压力。这一点的主要意义在于：拥有更多知识渊博和有能力的员工有利于提高公司的客户服务质量。

（14）大家齐心协力提高客户服务质量。在时尚零售供应链中，为了实现最佳的客户服务，上游供应商和下游时尚零售商的员工都必须共同努力。例如，为了实现产品从供应商到零售商的及时交付，便于更好地匹配供需（从而改善零售层面的库存服务），供应商必须与时尚零售商密切合作，他们将分别提供重要信息来支持这一计划。另一个例子如命题2.2所示，其中供应商和时尚零售商必须共同设计供应契约的参数，以达到时尚零售供应链中的最优服务水平，从而实现多方共赢。

2.5   结论

在本章中，讨论了时尚零售供应链系统中的客户服务和服务质量管理。文中研究了客户服务在时尚零售中的重要性。探讨了客户服务的量化绩效指标，并研究了概念性RSQS模型。基于RSQS模型，构建解析模型，得出时尚零售商和整个时尚零售供应链的最优服务水平。证明在纯批发定价合同下，由于双重边际效应，最佳零售服务水平低于时尚零售供应链系统的最优服务水平。因此，分散决策下的时尚零售供应链不会是最优的。为了实现时尚零售供应链的最优化，本章提出了一种以批发定价和收益共享合同为基础的寄售合同，其中批发价作为产品成本，合理设计收益共享方案，可实现多方共赢，使上游供应商、下游时尚零售商、消费者和整个时尚零售供应链都能从这种寄售合同中受益（与之前使用纯批发定价合同相比）。本章还给出了数值算例，用以说明各自的最优服务水平决策和供应链协调寄售合同的设计。最后，本章结合著名的戴明的十四要点讨论了戴明的质量管理框架。每一点都对时尚零售供应链中的服务质量管理有一定的启示。毋庸置疑，这十四个要点为改进时尚零售供应链的服务质量提供了一个很好的定性分析框架。

参考文献

Choi, T.M. (2013) Optimal return service charging policy for fashion mass customization program. *Service Science*, 5(1), 56–68.

Choi, T.M., Chow, P.S., Shen, B. & Wan, M.L. (2013) Service quality of fashion boutique operations: An empirical and analytical study. Working paper, The Hong Kong Polytechnic University.

Dabholkar, P., Thorpe, D. & Rentz, J.O. (1996) A measure of service quality for retail stores: scale development and validation. *Journal of the Academy of Marketing Science*, 24(1), 3–16.

Deming, W.E. (1986) *Out of the Crisis*. Boston: MIT/CAES.

Foster, S.T. (2004) Managing Quality: An Integrative Approach. Prentice-Hall, 2nd Edition.

Gagliano, K.B. & Hathcote, J. (1994) Customer expectation and perceptions of service quality in retail apparel specialty stores. *Journal of Service Marketing*, 8(1), 60–69.

Hall, J. & Porteus, E. (2000) Customer service competition in capacitated systems. *Manufacturing and Service Operations Management*, 2(2), 144–165.

Kim, S. & Jin, B. (2002) Validating the retail service quality scale for US and Korean customers of discount stores: An exploratory study. *Journal of Services Marketing*, 16(3), 223–237.

Kurata, H. & Nam, S.H. (2010) After-sales service competition in a supply chain: Optimization of customer satisfaction level or profit or both? *International Journal of Production Economics*, 127(1), 136–146.

Leen, J.Y.A. & Ramayah, T. (2011) Validation of the RSQS in apparel specialty stores. *Measure Business Excellence*, 15(3), 16–33.

Levy, M. & Weitz, B.A. (2007) Customer service and relationship management at Nordstrom. *Retail Management*, McGraw-Hill Irwin, 580–581.

Li, S., Zhu, Z. & Huang, L. (2009) Supply chain coordination and decision making under consignment contract with revenue sharing. *International Journal of Production Economics*, 120(1), 88–99.

Liu, N., Choi, T.M., Yuen, M. & Ng, F. (2012) Optimal pricing, modularity and return policy under mass customization. *IEEE Transactions on Systems, Man, and Cybernetics, Part A*, 42, 604–614.

Parasuraman, A., Zeithaml, V. A. & Berry, L. L. (1985) A conceptual model of service quality and its implications for future research. *Journal of Marketing*, 49(4), 41–50.

Sarker, B.R. (2013) Consignment stocking policy models for supply chain systems: A critical review and comparative perspectives. *International Journal of Production Economics*, http://dx.doi.org/10.1016/j.ijpe.2013.11.005.

So, K.C. (2000) Price and time competition for service delivery. *Manufacturing & Service Operations Management*, 2(4), 392–409.

Wang, Y., Jiang, L. & Shen, Z.J. (2004) Channel performance under consignment contract with revenue sharing. *Management Science*, 50(1), 34–47.

Xiao, T., Choi, T.M., Yang, D. & Cheng, T.C.E. (2012) Service commitment strategy and pricing decisions in retail supply chains with risk-averse players. *Service Science*, 4(3), 236–252.

Zhang, D., de Mattab, R. & Lowe, T.J. (2010) Channel coordination in a consignment contract. European *Journal of Operational Research*, 207(2), 897–905.

附录　数值分析表

表2-3　a发生变化对$\underline{\lambda}$和$\bar{\lambda}$的影响

a	$\underline{\lambda}$	$\bar{\lambda}$	$\Delta\lambda$
90	29.1667%	31.2500%	2.0833%
91	29.1954%	31.2644%	2.0690%
92	29.2237%	31.2785%	2.0548%
93	29.2517%	31.2925%	2.0408%
94	29.2793%	31.3063%	2.0270%
95	29.3065%	31.3199%	2.0134%
96	29.3333%	31.3333%	2.0000%
97	29.3598%	31.3466%	1.9868%
98	29.3860%	31.3596%	1.9737%
99	29.4118%	31.3725%	1.9608%
100	29.4372%	31.3853%	1.9481%
101	29.4624%	31.3978%	1.9355%
102	29.4872%	31.4103%	1.9231%
103	29.5117%	31.4225%	1.9108%
104	29.5359%	31.4346%	1.8987%
105	29.5597%	31.4465%	1.8868%

a	$\underline{\lambda}$	$\overline{\lambda}$	$\Delta\lambda$
106	29.5833%	31.4583%	1.8750%
107	29.6066%	31.4700%	1.8634%
108	29.6296%	31.4815%	1.8519%
109	29.6524%	31.4928%	1.8405%
110	29.6748%	31.5041%	1.8293%

表2-4　b发生变化对$\underline{\lambda}$和$\overline{\lambda}$的影响

b	$\underline{\lambda}$	$\overline{\lambda}$	$\Delta\lambda$
20	31.1828%	32.2581%	1.0753%
21	31.0085%	32.1709%	1.1624%
22	30.8328%	32.0831%	1.2503%
23	30.6563%	31.9948%	1.3385%
24	30.4796%	31.9065%	1.4269%
25	30.3030%	31.8182%	1.5152%
26	30.1271%	31.7302%	1.6031%
27	29.9522%	31.6428%	1.6906%
28	29.7787%	31.5560%	1.7773%
29	29.6070%	31.4702%	1.8632%
30	29.4372%	31.3853%	1.9481%
31	29.2697%	31.3015%	2.0318%
32	29.1047%	31.2190%	2.1143%
33	28.9424%	31.1379%	2.1955%
34	28.7829%	31.0581%	2.2752%
35	28.6263%	30.9798%	2.3535%
36	28.4728%	30.9031%	2.4302%
37	28.3225%	30.8279%	2.5054%
38	28.1755%	30.7544%	2.5789%
39	28.0316%	30.6825%	2.6508%
40	27.8912%	30.6122%	2.7211%

表2-5　k发生变化对$\underline{\lambda}$和$\overline{\lambda}$的影响

k	$\underline{\lambda}$	$\overline{\lambda}$	$\Delta\lambda$
90	29.1667%	31.2500%	2.0833%
91	29.1954%	31.2644%	2.0690%
92	29.2237%	31.2785%	2.0548%
93	29.2517%	31.2925%	2.0408%
94	29.2793%	31.3063%	2.0270%
95	29.3065%	31.3199%	2.0134%
96	29.3333%	31.3333%	2.0000%
97	29.3598%	31.3466%	1.9868%
98	29.3860%	31.3596%	1.9737%
99	29.4118%	31.3725%	1.9608%

续表

k	$\underline{\lambda}$	$\overline{\lambda}$	$\Delta\lambda$
100	29.4372%	31.3853%	1.9481%
101	29.4624%	31.3978%	1.9355%
102	29.4872%	31.4103%	1.9231%
103	29.5117%	31.4225%	1.9108%
104	29.5359%	31.4346%	1.8987%
105	29.5597%	31.4465%	1.8868%
106	29.5833%	31.4583%	1.8750%
107	29.6066%	31.4700%	1.8634%
108	29.6296%	31.4815%	1.8519%
109	29.6524%	31.4928%	1.8405%
110	29.6748%	31.5041%	1.8293%

表2-6　r发生变化对$\underline{\lambda}$和$\overline{\lambda}$的影响

r	$\underline{\lambda}$	$\overline{\lambda}$	$\Delta\lambda$
9	35.0345%	37.5172%	2.4828%
9.1	34.3776%	36.7966%	2.4191%
9.2	33.7455%	36.1035%	2.3580%
9.3	33.1370%	35.4364%	2.2994%
9.4	32.5507%	34.7939%	2.2432%
9.5	31.9854%	34.1745%	2.1891%
9.6	31.4400%	33.5771%	2.1372%
9.7	30.9134%	33.0005%	2.0872%
9.8	30.4046%	32.4437%	2.0391%
9.9	29.9129%	31.9056%	1.9927%
10	29.4372%	31.3853%	1.9481%
10.1	28.9769%	30.8819%	1.9050%
10.2	28.5312%	30.3946%	1.8634%
10.3	28.0994%	29.9227%	1.8233%
10.4	27.6808%	29.4654%	1.7846%
10.5	27.2749%	29.0221%	1.7471%
10.6	26.8811%	28.5921%	1.7110%
10.7	26.4988%	28.1748%	1.6760%
10.8	26.1276%	27.7697%	1.6421%
10.9	25.7669%	27.3762%	1.6093%
11	25.4163%	26.9939%	1.5776%

表2-7　w_0发生变化对$\underline{\lambda}$和$\overline{\lambda}$的影响

w_0	$\underline{\lambda}$	$\overline{\lambda}$	$\Delta\lambda$
5	15.6926%	16.1797%	0.4870%
5.1	17.1548%	17.7440%	0.5893%
5.2	18.5974%	19.2987%	0.7013%
5.3	20.0206%	20.8436%	0.8231%

w_0	$\underline{\lambda}$	$\overline{\lambda}$	$\Delta\lambda$
5.4	21.4242%	22.3788%	0.9545%
5.5	22.8084%	23.9042%	1.0958%
5.6	24.1732%	25.4199%	1.2468%
5.7	25.5184%	26.9259%	1.4075%
5.8	26.8442%	28.4221%	1.5779%
5.9	28.1504%	29.9085%	1.7581%
6	29.4372%	31.3853%	1.9481%
6.1	30.7045%	32.8523%	2.1477%
6.2	31.9524%	34.3095%	2.3571%
6.3	33.1807%	35.7570%	2.5763%
6.4	34.3896%	37.1948%	2.8052%
6.5	35.5790%	38.6228%	3.0438%
6.6	36.7489%	40.0411%	3.2922%
6.7	37.8994%	41.4497%	3.5503%
6.8	39.0303%	42.8485%	3.8182%
6.9	40.1418%	44.2376%	4.0958%
7	41.2338%	45.6169%	4.3831%

表2-8　m的变化对$\underline{\lambda}$和$\overline{\lambda}$的影响

m	$\underline{\lambda}$	$\overline{\lambda}$	$\Delta\lambda$
3	35.7581%	39.3076%	3.5495%
3.1	35.2618%	38.6454%	3.3836%
3.2	34.7395%	37.9580%	3.2185%
3.3	34.1896%	37.2441%	3.0544%
3.4	33.6109%	36.5024%	2.8915%
3.5	33.0017%	35.7316%	2.7299%
3.6	32.3604%	34.9302%	2.5698%
3.7	31.6853%	34.0966%	2.4113%
3.8	30.9744%	33.2291%	2.2548%
3.9	30.2257%	32.3260%	2.1002%
4	29.4372%	31.3853%	1.9481%
4.1	28.6065%	30.4050%	1.7984%
4.2	27.7312%	29.3828%	1.6516%
4.3	26.8086%	28.3166%	1.5080%
4.4	25.8359%	27.2036%	1.3678%
4.5	24.8100%	26.0413%	1.2314%
4.6	23.7276%	24.8268%	1.0991%
4.7	22.5853%	23.5568%	0.9715%
4.8	21.3792%	22.2280%	0.8489%
4.9	20.1051%	20.8369%	0.7318%
5	18.7586%	19.3793%	0.6207%

第3章

时尚零售供应链中的库存模型与协调

摘要

本章研究了时尚零售供应链中的两个基本库存模型。具体来说，文章先检验了EOQ模型及其在时尚零售中的应用。接着研究了报童问题，并讨论了它与快时尚零售的关系。这两种模型都包含了数值算例，以更好地说明这些概念。讨论两种经典模型后，继续研究时尚零售供应链系统中的协调挑战。证明了由于双重边际化效应，基于EOQ模型和报童问题模型的时尚零售供应链在分散决策下无法自行协调。然后，书中探论了一些实现协调的措施。例如，通过分析论证日常的契约如何用于协调时尚零售供应链，并对一些相关见解进行讨论。

关键词

EOQ模型、报童模型、双重边际化效应、协调、降价合同

3.1 引言

在时尚零售供应链中，库存管理是最基本和最关键的问题。事实上，时尚零售供应链系统的目标是在正确的时间和地点提供合适的时尚产品供顾客购买。为了实现这一目标，大多数时候，时尚零售商必须仔细保存和规划库存。

然而，根据时尚产品的性质，它们的库存计划存在不同的问题和挑战。本章研究了两个经典的库存模型，即EOQ模型（Choi，2014）和报童问题（Choi，2012），并举例说明如何将它们应用于时尚零售供应链中的库存计划问题。接着讨论供应链协调问题，即如何实现时尚零售供应链的系统优化。文中提出了不同的措施来实现协调。

本章结构如下。3.2节提出基于EOQ模型的库存管理模型。3.3节讨论基于报童

问题的库存管理模型。3.4节探讨时尚零售供应链系统中的协调挑战。3.5节给出了敏感性分析。3.6节是本章的结论。

3.2 基于EOQ模型的零售库存问题

3.2.1 说明性示例

假设有一家小型时装零售店，每周营业7天。为了吸引顾客，特价出售一种产品（如一款T恤），且每天只卖X件，很受顾客欢迎，而且每天很快就售出X件。假设这家时装店可以很快从附近的供应商那里拿到补货。以下为关于此产品的参数：

（1）固定订货成本（运输、订单处理）：每笔订单为T。

（2）存货成本估计为产品价值的$a\%$（每年），而产品价值等于单位批发价w。

（3）没有数量折扣的条件下，时尚零售商有足够的预算购买所需数量。另外，作为一项服务承诺，时装店必须每天提供X件该产品（因此严厉禁止数量不足的情况出现）。

最优决策包括该特殊产品的最优订货批量和相应的订货频率。

3.2.2 最优库存决策和订货频率

在此示例中，假设一年内，如果时尚零售商每次订购的量都较大，就可以节约固定的订购成本。然而持有的库存越多，商品销售时间越长（再次订购之前）。因此，存货成本会越高。相反，如果时尚零售商订购的数量较少，则可以节省存货成本，因为库存会在较短的时间内（再次订购之前）售出。而零售商订购越频繁，就需要支付更多的固定订购成本，例如运输成本和订单处理成本。通过权衡存货成本和固定订购成本，可以创建以下成本函数。

首先，当日需求量为X时，年需求量为365X。因为符号的便利性，本书用D表示年需求量，等于示例中的365X，每个订单的订货量用Q表示。所以时尚零售商每年订购该产品的次数等于D/Q。而每年订购产生的固定成本如下：

$$FOC(Q) = TD/Q$$

其次，请注意，对于库存持有成本，时尚零售商的平均库存水平为$Q/2$。根据定义，单位存货的年持有成本为aw。因此，年存货持有成本表示如下：

$$IHC(Q) = awQ/2$$

根据上面推导出的年度固定订货成本和年度存货成本，得到总成本函数：

$$TC(Q) = FOC(Q) + IHC(Q)$$
$$= TD/Q + awQ/2$$

根据二阶条件，可以直接检验出$TC(Q)$是一个凸函数。因此通过求解下面的一阶条件，可以找到最优订购批量：

$$dTC(Q)/dQ = 0 \Rightarrow Q^* = \sqrt{\frac{2TD}{aw}}$$

依据此最优订购批量，每年相应的订货频率如下：

$$N^* = \frac{D}{Q^*} = \sqrt{\frac{awD}{2T}}$$

这里需要注意，$Q^* = \sqrt{\frac{2TD}{aw}}$是经典的经济订购批量（EOQ）公式（Choi，2014）[1]。虽然EOQ这一简单公式是基于许多假设推导出来的，但它给时尚零售商带来很好的管理启示：

（1）这是一个很好的规划库存工具：EOQ公式的闭合表达式给出了最优订购批量与问题中关键参数之间的"平方根关系"。特别是对Chopra和Meindl（2013年，第291页）进行改编后，可以用简单的数学计算得出以下分析结论：

①如果年需求量D增加了k倍，那么最优订购批量将增加$\sqrt{k}$倍，年订购量也会增加$\sqrt{k}$倍。

②为了将最优订购批量减少k倍，可以减少固定的订购成本T，文中将T减少k^2倍。

（2）特别适用于需求稳定的产品，如男士基础休闲装。

（3）通过放宽一些假设条件来自定义模型，使模型更具适用性，甚至将一些拓展模型编程到计算机应用软件中，作为辅助决策的工具。

（4）它为研究更复杂的涉及多种产品、多个层级的供应链库存管理系统奠定了基础。

另外要注意的是，可以通过存货成本函数和固定订货成本函数的交点来找到最优订购数量：

$$FOC(Q) = IHC(Q) \Rightarrow TD/Q = awQ/2 \Rightarrow Q^* = \sqrt{\frac{2TD}{aw}}$$

如何通过简易的数学计算得出EOQ模型中的最优订购批量，本文提供了另一种解释。

---

[1]　请注意，EOQ模型是一个世纪前由福特·哈里斯首次提出的。

3.2.3 数值算例

本节先回顾3.2.1节中的说明性示例。假设每笔订单的固定订货成本（运输、订单处理）为100美元。存货成本估计为产品价值的20%（每年），产品价值等于单位批发价200美元。日需求量为10。根据EOQ公式，最优订购批量为

$$Q^* = \sqrt{\frac{2TD}{aw}}$$
$$= \sqrt{\frac{2 \times 100 \times 10 \times 365}{0.2 \times 200}} = 135$$

对应的订购频率为：

$$N^* = \sqrt{\frac{awD}{2T}}$$
$$= \sqrt{\frac{0.2 \times 200 \times 10 \times 365}{2 \times 100}} = 27$$

3.3 基于报童模型的零售库存问题

3.3.1 快时尚零售示例

一家快时尚零售商向供应商订购一种短生命周期的时尚产品，单位订货成本为 c。在短暂的旺季中，该产品以单位零售价 r 出售。在旺季结束时，未售出的产品将以促销价 v 清仓出售（因为即将推出新的时尚产品，没有空间放置陈货）。不确定的产品需求量 y 遵循概率密度函数 $f(\cdot)$ 和累积分布函数 $F(\cdot)$。$F(\cdot)$ 的反函数用 $F^{-1}(\cdot)$ 表示。而 q 表示该产品的订货批量。快时尚零售商需要确定该时尚产品的最优订购批量。为了避免不必要的情况，直接得出：$r > c > v$。

3.3.2 利润最大化模型

对于3.3.1节定义的问题，利润函数可以表示如下：

$$\pi(q) = r \min(y, q) - cq + v \max(q - y, 0)$$

其中 $r \min(y, q)$ 是收入，cq 是产品成本，$v \max(q - y, 0)$ 是清仓销售产生的收入。

显然，由于销售季的产品需求是一个随机变量，利润函数 $\pi(q)$ 也是不确定的。为了确定最优订购批量，本书假设时尚零售商的目标是使预期利润最大化。因此，依据预期值，可以在下方得出期望收益：

$$E[\pi(q)] = rE[\min(y, q)] - cq + vE[\max(q - y, 0)]$$

由于 $\min(y,q) = q - \max(q-y, 0)$，文中可以将 $E[\pi(q)]$ 重新表示为：

$$E[\pi(q)] = (r-c)q - (r-v)E[\max(q-y, 0)]$$

$$= (r-c)q - (r-v)\int_0^q F(y)fy$$

对 $E[\pi(q)]$ 分别求关于 q 的一阶和二阶导数，可以得到：

$$\frac{dE[\pi(q)]}{dq} = (r-c) - (r-v)F(q),$$

$$\frac{d^2E[\pi(q)]}{dq^2} = -(r-v)f(q) < 0$$

因此，$E[\pi(q)]$ 是一个严格凹函数，最优订购批量 q^* 可以按以下方式求解：

$$\frac{dE[\pi(q)]}{dq} = 0 \Rightarrow (r-c) - (r-v)F(q) = 0$$

$$\Rightarrow q^* = F^{-1}\left(\frac{r-c}{r-v}\right)$$

请注意，上述的最优订购量公式是经典的报童最优订购量（Choi，2012），比率 $\frac{r-c}{r-v}$ 表示当快时尚订购商的订购量为 q^* 时随之产生的库存服务水平。

3.3.3　数值算例

回到3.3.1节中所述的说明性示例，假设有以下参数的估计值：

单位订购成本 c=80；

单位零售价 r=220；

单位清仓价 v=60。

该产品的需求量 y 服从正态分布，平均值为100，标准差为30。这种时尚产品的最优订购批量如下：

首先，$\left(\dfrac{r-c}{r-v}\right) = \dfrac{220-80}{220-70} = 93.3\%$

其次，由于需求遵循正态分布，可用以下公式求累积分布函数的反函数：

如果 $F(\cdot)$ 遵循正态分布，均值为 μ，方差为 σ^2，那么 $F^{-1}(z)$ 可以表示为 $\mu+\sigma\Phi^{-1}(z)$，其中 $\Phi^{-1}(\cdot)$ 是标准正态累积分布函数的反函数。

因此这个例子的最优订购批量为：

$$100 + 30\Phi^{-1}(0.933) = 145.0326$$

另外，许多应用软件程序都能轻易计算出 $\Phi^{-1}(\cdot)$。例如，进入微软Excel，可以利用内置的"normsinv( )"函数将其算出。

3.3.4 备注

首先，在3.3.2节提出的模型公式中，如存在缺货，利润函数就会显示收入损失的结果。因此，整个模型公式一直都有考虑缺货惩罚。当然，从时尚零售供应链管理的角度来看，一些时尚零售商可能希望达到优秀的库存服务水平，并将缺货的可能性降到最低。对于这些情况，时尚零售商可以在模型中加入一种消费者丧失善意的惩罚成本。具体地说，这种额外成本进一步惩罚了缺货（除了收益损失之外），一旦时尚零售店出现缺货，消费者会感觉很糟糕。假设文中用$\theta > 0$来表示这个惩罚成本，那么最优订购批量如下：

$$q_\theta^* = F^{-1}\left(\frac{r + \theta - c}{r + \theta - v}\right)$$

毫无疑问，θ越大意味着更高水平的库存服务。

其次，需要注意的是，如果时尚零售商的目标是使预期的库存过剩和库存不足的成本之和最小化，可以得出同样的最优订购批量。相关细节，读者可以查阅Nahmias的著作（2004）。

最后，在3.2节中，时尚零售商的优化目标是期望收益最大化，这意味着它是风险中立的。然而，如果时尚零售商规避风险，那么在3.3.2节给出的利润模型（没有θ），一个规避风险的时尚零售商的订购数量将低于q^*，这其实是一个典型的结果。进一步探讨参见Choi等人的研究（2008）。

3.4 时尚零售供应链系统的协调

3.4.1 基于EOQ模型的库存计划

本文在3.2节中，讨论了经典的EOQ模型在时尚零售库存计划中的应用。假设供应商以单位成本m获得产品，其中$m < w$。因此，从时尚零售供应链系统的角度来看，由于产品价值不同，最优订购批量将不同于时尚零售商的最优订购批量。实际上，如果供应链是完全垂直整合的，那么最佳订货批量如下所示（下标SC表示"供应链"）：

$$Q_{SC}^* = \sqrt{\frac{2TD}{am}}$$

通过直接比较，很容易发现引理4.1成立。

引理3.1： 如果$m < w$，那么$Q_{SC}^* > Q^*$。

引理3.1表明，在分散式时尚零售供应链中，时尚零售商决定的最优订购批量，并不是供应链的最优订购批量。这造成了供应链效率低下和不协调。正如本书在第二章中所讨论的，这里的根本问题是双重边际效应。通过这种最优订购批量决策来协调供应链，有多种可行的方法。例如，供应商可以按成本价批发产品，然后从零售商的收益或利润中获得一定比例的份额，即用寄售形式（Wang等，2004；Sarker，2013；详见第2章）。另外供应商也可以提供数量折扣合同，这可能会为时尚零售商提供所需的激励，使其按供应链的最优数量订购。

3.4.2　基于报童模型的库存计划

3.3节中讨论了快时尚零售库存控制问题中的报童模型公式。本节假设有一个零售商主导的快时尚供应链，其中供应商也是制造商，只有在时尚零售商告知订购量后才开始生产。换句话说，这是一条按需生产（MTO）的供应链。在这种情况下，假设快时尚产品的单位制造成本为u，从时尚零售供应链的角度出发，最优产品数量如下所示：

$$q_{SC}^* = F^{-1}\left(\frac{r-c}{r-v}\right)$$

因为在传统的商业惯例中，单位产品的制造成本小于单位批发价，即$u<c$，所以得出引理3.2。

引理3.2：如果$u<c$，那么$q_{SC}^*>q^*$

引理3.2的证明：请注意，$q^*=F^{-1}\left(\frac{r-c}{r-v}\right)$且$q_{SC}^*=F^{-1}\left(\frac{r-c}{r-v}\right)$。如果$u<c$，那么$\left(\frac{r-c}{r-v}\right)<\left(\frac{r-c}{r-v}\right)$。由于$F^{-1}(\cdot)$的参数是递增的，所以$\left(\frac{r-c}{r-v}\right)<\left(\frac{r-u}{r-v}\right)\Rightarrow q^*<q_{SC}^*$(Q.E.D.)。

与引理3.1中总结的情况类似，可以发现双重边际效应也在这里出现，它引发了这样一种情景：时尚零售商订购的批量不同于时尚零售供应链的最优批量。为了对供应链进行协调，可以采用诸多措施使$q_{SC}^*=q^*$（参见Cachon的综合研究，2003）。例如，可以使用降价合同。也就是说，时尚零售商可以与制造商协商，在他们的商业交易中制定一个降价合同（Whang，2009），时尚零售商会从制造商那里获得一种经济补偿，称为价格补贴，用于补贴销售季节结束时的每个剩余的单位产品（有关降价合同的更多细节请参阅Tsay，2001；Choi，2013；Chow等，2013）。书中将这个单位价格补贴表示为γ。在降价合同存在的情况下，时尚零售商的最优订购批量就变成：

$$q^*(\gamma) = F^{-1}\left[\frac{r-c}{r-(\gamma+v)}\right]$$

引理3.3表明时尚零售供应链系统中实现协调的价格补贴的最优设定。

引理3.3：可以通过设定价格补贴来协调时尚零售供应链。

$$\gamma = \frac{(r-v)(c-u)}{(r-u)}$$

引理3.3的证明： 请注意，在降价合同存在的情况下，价格补贴为γ，时尚零售商的最优订购批量为$q^*(\gamma) = F^{-1}\left[\dfrac{r-c}{r-(\gamma+v)}\right]$。但是时尚零售供应链系统的最优批量保持不变，即$q^*(\gamma) = F^{-1}\left(\dfrac{r-c}{r-v}\right)$。协调时尚零售供应链系统意味着设一个$\gamma$值使$q^*(\gamma) = q^*_{SC}$。因此，得出以下内容：

$$\begin{aligned}
& q^*(\gamma) = q^*_{SC} \\
\Leftrightarrow\ & F^{-1}\left[\frac{r-c}{r-(\gamma+v)}\right] = F^{-1}\left(\frac{r-u}{r-v}\right) \\
\Leftrightarrow\ & \left[\frac{r-c}{r-(\gamma+v)}\right] = \left(\frac{r-u}{r-v}\right) \\
\Leftrightarrow\ & (r-c)(r-v) = (r-u)(r-v-\gamma) \\
\Leftrightarrow\ & \gamma = (r-v) - \frac{(r-c)(r-v)}{(r-u)} \\
\Leftrightarrow\ & \gamma = \frac{(r-v)(c-u)}{(r-u)} \text{ (Q.E.D.)}
\end{aligned}$$

根据引理3.3，得出几个重要的结论：

（1）降价合同可以通过调整价格补贴和批发价来协调时尚零售供应链。引理3.3总结了实现协调的条件。明显存在多对可以实现供应链协调的价格补贴和批发价。因此时尚零售商和制造商协商后，将确定这两个关键的合同参数的最佳组合，从而决定时尚零售供应链中各自的预期利润份额。

（2）通过降价合同实现协调的情况与零售需求分布无关。因此，即使在零售需求信息不对称的情况下，确定合同参数也相对容易（也就是说，即使制造商不知道零售商的需求信息，也可以直接设定降价合同来协调供应链）。这是降价合同的一个优点。

（3）为了避免时尚零售商有利用降价合同获得套利机会，价格补贴γ必须小于批发价和市场出清价之间的差额，即$\gamma < c-v$。如果$\gamma \geq c-v$，那么$q^*(\gamma) \to \infty$。因为在这种情况下，时尚零售商每订购一个单位产品，都能盈利（即套利）。

3.5　敏感性分析

在这一节中，通过数字敏感性分析，用以说明协调各个时尚零售供应链系统的重要性。

3.5.1　基于EOQ的模型

本节采用3.2.3节中的一组基本数值作为参数。图3-1～图3-5描述的是当实现协调$\Delta DTC_{SC}=TC_{SC}(EOQ_R)-TC_{SC}-(EOQ_{SC})$，相关参数的变化，时尚零售商的最优订购量$EOQ_R$、系统最优订购量（对于整个时尚零售供应链系统）$EOQ_{SC}$，以及时尚零售供应链系统的成本改善的敏感性分析结果。其中$TC_{SC}(EOQ_R)$表示时尚零售商最优订购量下的时尚零售供应链的总成本，$TC_{SC}(EOQ_{SC})$表示具有系统最优订购量的时尚零售供应链的总成本。详细数量见表3-1～表3-5（见附录）。请注意：

$$EOQ_R = Q^* = \sqrt{\frac{2TD}{aw}},$$

$$EOQ_{SC} = Q_{SC}^* = \sqrt{\frac{2TD}{am}},$$

$$TC_{SC}(Q) = TD/Q + amQ/2$$

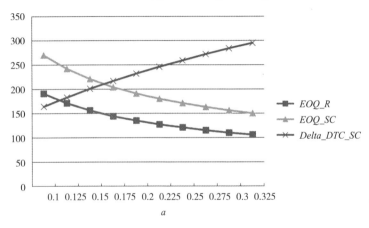

图3-1　a发生变化的影响

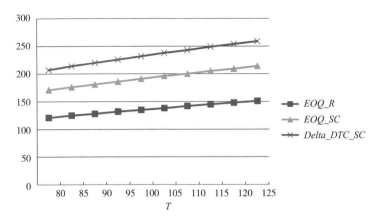

图3-2　T发生变化的影响

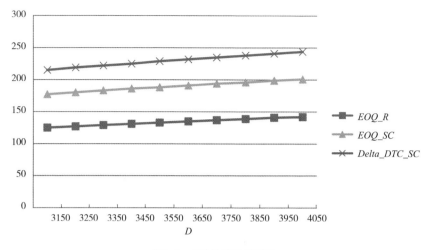

图3-3　D发生变化的影响

从图3-1~图3-5，可根据观察和结果总结出：当单位产品制造成本m越小、单位批发价w越高、年需求量D越大、每份订单的固定订货成本T越大、存货成本参数a越大时，协调时尚零售供应链系统会节省更多成本。实际上T和D起到了放大系数的作用，因为它们与最优订购量的大小有关。如果它们越大，则相应的EOQ也会越大。由于分散式时尚零售商的最优订购批量和集中式系统的最优订购批量也与T和D的乘积的平方根成正比，因此T和D越大，就会产生这种明显现象。对于库存持有成本参数a来说，由于它属于EOQ公式的分母，所以a越小越有助于加强节约库存成本和促进协调。最后，这种情况下的低效系统是因为w和m之间的差异，如果w更大或m更小，协调对成本节约的影响更为突出（因为双重边际化效应越显著，意味着分散式系统的效率越低）。

3.5.2　基于报童问题的模型

3.3.3节中的一组参数数值，与EOQ模型下的情况类似，因此对协调方案进行数值灵敏性分析。这里将重点放在协调价格补贴上。具体来说就是探讨不同的参数变化时，协调价格补贴是如何变化的。分析结果在图3-6~图3-9中呈现（具体数值放在附录的表3-6~表3-9中）。

从图3-6~图3-9，可得出以下结论：协调供应链的价格补贴随着市场出清价υ、产品制造成本u和零售价格r的递增而递减，但随着批发价c的递增而递增。价格补贴对制造成本u和批发价c特别敏感。从表3-6、表3-7可以看出，一旦u或c发生变化，协调时尚零售供应链的价格补贴从小于3到大于18不等。

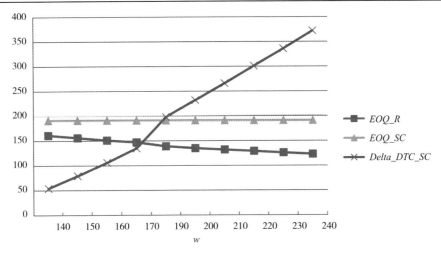

图3-4　w发生变化的影响

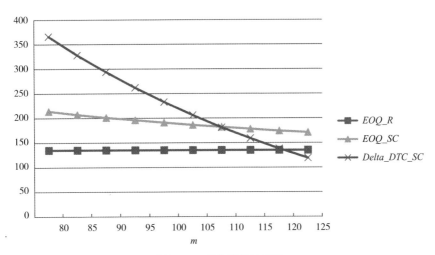

图3-5　m发生变化的影响

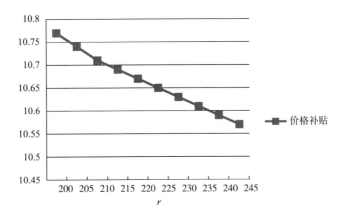

图3-6　价格补贴和零售价格r

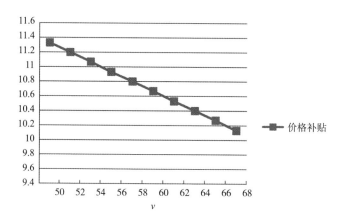

图3-7　价格补贴和市场出清价v

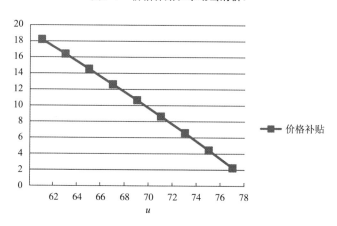

图3-8　价格补贴和产品制造成本u

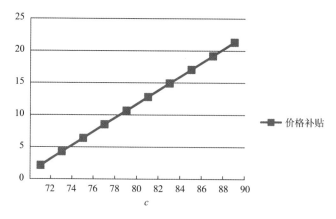

图3-9　价格补贴和批发价c

3.6　结论

　　本章研究了两种重要的库存模型以及时尚零售供应链系统中的协调挑战。本书特别回顾和研究了两个基本的库存模型，即 EOQ 模型和报童问题。还研究了这些模型与时尚零售库存问题的联系。关于这两个模型，本章已证明了最优订购决策的存在，给出了说明性的数值算例。在此基础上，进一步分析时尚零售供应链系统，验证了可以优化系统的方案，即实现供应链的协调。书中已证实，由于双重边缘化效应，基于 EOQ 模型和基于报童问题模型下的时尚零售供应链在分散决策下都不是最佳的。事实上，时尚零售商的最优订购批量总是小于供应链系统的最优订购批量。然后，对供应链协调机制进行了探讨。通过敏感性分析，进一步了解了不同模型参数如何影响基于 EOQ 模型的时尚零售供应链，以及如何影响减价契约中的参数设置。本书更是发现，当产品制造成本越小、批发价越高、年需求量越大、每份订单的固定订货成本越大、存货成本参数越大时，协调基于 EOQ 模型的时尚零售供应链系统会节约更多的成本。而对于协调基于报童问题的时尚零售供应链的削价契约，本书发现当市场清仓价越低、产品制造成本越低、零售价格越低以及批发价越高时，均衡价格补贴越高。此外，均衡价格补贴对制造成本和批发价非常敏感。

参考文献

Cachon, G. (2003) Supply chain coordination with contracts. In: Graves, S., T. de Kok. (Eds). *Handbooks in Operations Research and Management Science: Supply Chain Management*, North Holland, 229–340.

Choi, T.M. (ed.) (2014) Handbook of EOQ Inventory Problems: Stochastic and Deterministic Models and Applications, *International Series in Operations Research & Management Science*, Vol. 197, Springer.

Choi, T.M. (ed.) (2012) Handbook of Newsvendor Problems: Models, Extensions and Applications, *International Series in Operations Research & Management Science*, Vol. 176, Springer.

Choi, T.M. (2013) Multi-period risk minimization purchasing models for fashion products with interest rate, budget, and profit target considerations. *Annals of Operations Research*, 10.1007/s10479-013-1453-x, in press.

Choi, T.M., Li, D. & Yan. H. (2008) Mean variance analysis of the newsvendor problems. *IEEE Transactions on Systems, Man, and Cybernetics: Part A*, 38(5), 1169–1180.

Chow, P.S., Wang, Y., Choi, T.M. & Shen, B. (2013) An experimental study on the effects of minimum profit share on supply chains with markdown contract: Risk and profit analysis. *Omega*, in press.

Chopra, S. & P. Meindl. (2013) *Supply Chain Management: Strategy, Planning and Operations.* Pearson, 5th edition.

Nahmias, S. (2004) *Production and Operations Analysis*, McGraw Hill, 5th Edition.

Tsay, A.A. (2001) Managing retail channel overstock: Markdown money and return policy. *Journal of Retailing*, 77(4), 457–492.

Sarker, B.R. (2013) Consignment stocking policy models for supply chain systems: A critical review and comparative perspectives. *International Journal of Production Economics*, http://dx.doi.org/10.1016/j.ijpe.2013.11.005.

Shen, B., Choi, T.M., Wang, Y. & Lo. C.K.Y. (2013) The coordination of fashion supply chains with a risk averse supplier by the markdown money policy. *IEEE Transactions on Systems, Man, and Cybernetics – Systems*, 43(2), 266–276.

Wang, Y., Jiang, L. & Shen, Z.J. (2004) Channel performance under consignment contract with revenue sharing. *Management Science*, 50(1), 34–47.

Whang, S.J. (2009) Markdown competition. In: *Retail Supply Chain Management*, Agrawal and Smith (eds.), Springer, 1–15.

附录　数据分析表

表3–1　a发生变化的影响

a	EOQ_R	EOQ_{SC}	$TC_{SC}(EOQ_R)$	$TC_{SC}(EOQ_{SC})$	ΔDTC_{SC}
0.1	191	270	2866	2702	164
0.125	171	242	3204	3021	183
0.15	156	221	3510	3309	201
0.175	144	204	3791	3574	217
0.2	135	191	4053	3821	232
0.225	127	180	4299	4053	246
0.25	121	171	4531	4272	259
0.275	115	163	4752	4481	272
0.3	110	156	4964	4680	284
0.325	106	150	5166	4871	295

表3–2　T发生变化的影响

T	EOQ_R	EOQ_{SC}	$TC_{SC}(EOQ_R)$	$TC_{SC}(EOQ_{SC})$	ΔDTC_{SC}
80	121	171	3625	3418	207
85	125	176	3736	3523	214
90	128	181	3845	3625	220
95	132	186	3950	3724	226
100	135	191	4053	3821	232
105	138	196	4153	3915	238
110	142	200	4251	4007	243
115	145	205	4346	4098	249
120	148	209	4440	4186	254
125	151	214	4531	4272	259

表3-3　D发生变化的影响

D	EOQ_R	EOQ_{SC}	$TC_{SC}(EOQ_R)$	$TC_{SC}(EOQ_{SC})$	ΔDTC_{SC}
3150	125	177	3765	3550	215
3250	127	180	3824	3606	219
3350	129	183	3883	3661	222
3450	131	186	3940	3715	225
3550	133	188	3997	3768	229
3650	135	191	4053	3821	232
3750	137	194	4108	3873	235
3850	139	196	4162	3924	238
3950	141	199	4216	3975	241
4050	142	201	4269	4025	244

表3-4　w发生变化的影响

w	EOQ_R	EOQ_{SC}	$TC_{SC}(EOQ_R)$	$TC_{SC}(EOQ_{SC})$	ΔDTC_{SC}
140	161	191	3875	3821	54
150	156	191	3900	3821	79
160	151	191	3927	3821	106
170	147	191	3956	3821	135
190	139	191	4019	3821	198
200	135	191	4053	3821	232
210	132	191	4087	3821	266
220	129	191	4122	3821	301
230	126	191	4157	3821	336
240	123	191	4193	3821	372

表3-5　m发生变化的影响

m	EOQ_R	EOQ_{SC}	$TC_{SC}(EOQ_R)$	$TC_{SC}(EOQ_{SC})$	ΔDTC_{SC}
80	135	214	3784	3418	366
85	135	207	3851	3523	328
90	135	201	3919	3625	294
95	135	196	3986	3724	262
100	135	191	4054	3821	233
105	135	186	4121	3915	206
110	135	182	4189	4007	181
115	135	178	4256	4098	159
120	135	174	4324	4186	138
125	135	171	4391	4272	119

表3-6　零售价 r 和价格补贴

零售价	价格补贴
200	10.77
205	10.74
210	10.71
215	10.69
220	10.67
225	10.65
230	10.63
235	10.61
240	10.59
245	10.57

表3-7　清仓销售价 v 和价格补贴

清仓销售价	价格补贴
50	11.33
52	11.20
54	11.07
56	10.93
58	10.80
60	10.67
62	10.53
64	10.40
66	10.27
68	10.13

表3-8　产品制造成本 u 和价格补贴

产品制造成本	价格补贴
62	18.23
64	16.41
66	14.55
68	12.63
70	10.67
72	8.65
74	6.58
76	4.44
78	2.25

表3-9　批发价c和价格补贴

批发价	价格补贴
72	2.13
74	4.27
76	6.40
78	8.53
80	10.67
82	12.80
84	14.93
86	17.07
88	19.20
90	21.33

第4章

时尚零售供应链系统中的有效客户响应

摘要

有效客户响应（ECR）是时尚零售供应链中的一种行之有效的做法。它指的是一个快速反应和消费者驱动的系统。本章将探讨时尚零售供应链系统中的ECR。首先，本书用贝叶斯信息更新建立了一个形式化的库存解析模型。其次对时尚零售商使用ECR的优势进行利润分析。之后研究了涵盖消费者、零售商、制造商和整个时尚零售供应链系统多方共赢的情况。最后，探讨了ECR系统下的供应链协调挑战。同时进行解析和数值分析。分析发现：①ECR系统对时尚零售商有利；②消费者福利系数在确定ECR系统对消费者福利和制造商是否有益方面起着关键作用；③如果消费者福利系数足够小，那么ECR系统就能创造多方共赢的局面，意味着时尚零售商、制造商、消费者和整个时尚零售供应链都受益；④可设置降价合同来实现供应链协调。

关键词

有效客户响应、快速反应、消费者福利

4.1 引言

以一个主要销售季节性时装的时尚零售商为例。如果产品交付期长，并且存在像最小订货量这类限制条件（Chow等，2012），则必须有笔大订单，才能在即将到来的销售季将产品销售出去（Choi等，2004）。届时，时尚零售商将对市场需求做出预测（Choi，2007）。换句话说，时尚零售商必须在季节开始前的很长时间内就进行需求预测，预测结果将推动库存决策。可惜的是，众所周知，很多的需求预测几乎是错误的，预测准确度通常是关于交付期的递减函数，即交付期越长，预测准确度就越低（Donohue，2000；Fisher等，1994）。结果时尚零售商以及整个时尚零售供应链系统都将受到影响，因为规划库存使供需精准匹配是很难实现的[1]。

如今，许多时尚零售供应链都在实施有效顾客响应（ECR）系统[2]。根据 Kurt Salman Associates（1993）的说法，"……ECR 是一个由消费者驱动的反应系统，在这个系统中，分销商和供应商作为商业盟友一起合作，最大限度地提高消费者的满意度和最大限度地降低成本……"因此，在ECR下，库存订购的交付期缩短，时尚零售商和供应商达成了合作协议（Hoffman和Mehr，2000；Kurnia和Johnson，2001；Fisher等，2001），以便有效地向市场提供需要的产品数量。本章研究了ECR的优势以及消费者福利系数如何影响ECR对时尚零售供应链系统，以及对所有相关成员和消费者带来的影响，另外还研究了供应链协调挑战。

4.2节介绍了解析模型。4.3节推导并讨论利润函数和消费者福利函数。4.4节研究多方共赢的协调挑战。4.5节研究供应链协调问题。4.6节讨论数值敏感性分析。本章在4.7节中总结研究结果。

4.2 基本解析模型

在本节中建立解析模型。首先，假设有一个制造商是某个时尚零售供应链的零售商，销售一种短生命周期的时尚产品。时尚零售商是供应链的领导者，决定着订货量。制造商作为供应商需要做出反应并履行订单。设想制造商总是有足够的产能生产所需的数量。那么，以下是与成本收益有关的参数：制造商生产该产品的单位成本为m，时尚零售商支付给制造商的单位批发价为c，常规季的消费市场上产品单位零售价是r。该产品十分新颖且只在短期内销售。因此，在销售季节结束时，时尚零售商将进行清仓促销，文中假定所有剩余产品都可以按市场出清价格v进行清仓。而在销售季节开始之前，时尚零售商必须决定这种产品的最优订购量。

现提出基于贝叶斯信息更新的需求模型（Azoury和Miller，1984；Azoury，1985；Choi等，2003、2004、2006）。根据Iyer和Bergen（1997）、Choi等（2003）的研究，本文设想的情况是，零售商可以在这两个时间点中的任何一个点下单。第一个时间点（用时刻0表示）离销售季的时间较长。这个时间点代表较为传统的订购决策，且前置时间长（即没有ECR）。在时刻0的需求预测结果必然会很差，这意味着存在很大的需求不确定性。第二个时间点，用时刻1表示，更接近销售季。

---

[1] 参见Fisher和Raman（1996）的精准响应机制，该方案也与使用早期销售信息来提升库存计划有关。

[2] 请注意，在供应链运营管理的背景下，ECR系统与快速反应系统非常相似。有关快速反应的更多阅读资料，请查阅Kim（2003）、Choi等（2006）的研究。本章中使用术语ECR而不是"快速反应"，因为本书想要强调消费者在这个方案中所扮演的角色。不过，在分析中包含了一项有关消费者福利的指标。有关ECR的更多细节和历史，请参阅Svensson（2002）的著作。

如果时尚零售商选择在时刻1下单，就可以在时刻0和时刻1之间的时间间隔期内观察到一些市场信号（如相关颜色的流行程度），并利用它来改进需求预测。因此，在时刻1订购具有较小的需求差异，需求预测精度较高。本文用x_0表示时刻0的产品需求预测量。根据Iyer和Bergen（1997），Choi和Chow（2008）分析的正态共轭对的基本需求不确定性结构，本文将x_0设计为一个正态分布的随机变量，其平均值为θ和方差为δ：

$$x_0 \sim N(\theta, \delta)$$

其中θ是不确定的，为了模型的可操纵性，此处将其设计成服从正态分布，其平均值为μ_0和方差为d_0：

$$\theta \sim N(\mu_0, d_0)$$

请注意，在x_0的分布中，δ体现了与产品相关的基本需求不确定性，这是无法消除的。

根据上述模型，可以证明，x_0的无条件分布遵循正态分布，均值μ为0，方差为（$d_0+\delta$）：

$$x_0 \sim N(\mu_0, d_0+\delta)$$

在时刻0和时刻1之间的时间间隔内，时尚零售商可以对相关的时尚产品进行市场观察，并用来更新自己对x_0的了解（本书将此观察记为z_0）。因此，θ的分布更新如下（Iyer和Bergen，1997；Choi等，2003；Chow等，2012）

$$\theta \sim N(\mu_1, d_1)$$

其中

$$\mu_1 = \left(\frac{d_0}{d_0+\delta}\right) z_0 + \left(\frac{\delta}{d_0+\delta}\right) \mu_0$$

$$d_1 = \frac{\delta\, d_0}{d_0+\delta}$$

文中用x_1表示产品在时刻1的需求预测。x_1的分布如下：

$$x_1 \sim N(\mu_1, d_1+\delta)$$

其中μ_1在时刻0时也是一个正态分布的随机变量（可知信息更新后z_0的观测值）：

$$\mu_1 \sim N[\mu_0, d_0^2/(d_0+\delta)]$$

请注意，这些文献（Iyer和Bergen，1997；Choi等，2003；Choi和Chow，2008）对上述贝叶斯信息更新模型进行了充分的研究和应用。本章也会使用该模型，因为它易于分析且具有一定的现实意义，非常适用于ECR系统。

4.3 时尚零售商的利润分析

为了便于书写，将使用以下相关符号：

$\phi(\cdot)$：服从正态分布的概率密度函数；

$\Phi(\cdot)$：服从正态分布的累积分布函数；

$\Phi^{-1}(\cdot)=\Phi(\cdot)$的反函数；

$\Psi(x)=\int_x^\infty (y-x)\phi(y)\mathrm{d}y$：服从正态分布的标准线性损失函数；

q：代表订购批量的决策变量；

$EP_{R,0}(q)$：时尚零售商在0时刻进行订购的预期收益；

$EP_{M,0^*}$：当时尚零售商在0时刻订购最佳数量，制造商获得的预期收益；

$EP_{SC,0}(q)$：当时尚零售商在0时刻订购，供应链的预期收益；

$CW_{R,0}(q)$：当时尚零售商在0时刻订购的消费者福利；

$EP_{R,1}(q|\mu_1)$：对于给定的μ_1，时尚零售商在1时刻进行订购的预期收益；

$EP_{M,1^*}(\mu_1)$：对于给定的μ_1，当时尚零售商在1时刻订购最佳批量，制造商获得的预期收益；

$EP_{SC,1}(q|\mu_1)$：对于给定的μ_1，在1时刻订购，供应链的预期收益；

$CW_{R,1}(q|\mu_1)$：对于给定的μ_1，时尚零售商在1时刻订购，相应的消费者福利；

$q_{R,0}^*$：时尚零售商在0时刻的最佳订货批量；

$q_{R,1}^*(\mu_1)$：对于给定的μ_1，在1时刻时尚零售商的最佳订货批量。

根据Iyer、Bergen（1997）以及Choi、Chow（2008）的推导，很容易发现：

$$EP_{R,0}(q) = (r-v)\mu_0 - (c-v)q - (r-v)\sqrt{d_0+\delta}\,\Psi\left(\frac{q-\mu_0}{\sqrt{d_0+\delta}}\right)$$

$$EP_{R,1}(q) = (r-v)\mu_1 - (c-v)q - (r-v)\sqrt{d_1+\delta}\,\Psi\left(\frac{q-\mu_1}{\sqrt{d_1+\delta}}\right)$$

在对ECR系统进行分析的过程中，假设时尚零售商同时关注期望收益和消费者福利。因为零售价格是固定的，消费者福利主要反映在产品供应上。具体而言，本中对消费者福利的定义如下：

$$CW_i(q) = \tau q, \quad i = 0,1$$

其中，$\tau>0$表示与市场可获得的产品数量有关的单位消费者福利。根据这个简单的消费者福利函数，本书认为如果商品数量越多，那么消费者就会受益。❶请注

---

❶ 请注意，为了方便处理模型，本书提出的消费者福利公式会很简单。在现实中，当q变大时，它可能不是线性的而是递减的。此外，还可以将（预期）消费者福利设为消费者福利系数与预期商品销售量之间的乘积。第二种案例的分析与当前的分析相似，感兴趣的读者可以自己试一试。

意，τ 也与产品的类别有关。例如，对于消费者们更在意的产品，一旦出现缺货，那他们的心情会更糟糕，τ 就会更大（因此现货越多越好）。

那么在 0 时刻，可以通过以下优化问题找到时装零售商的最优订购批量：

$$q_{R,0}^* = \arg[\max_q U_{R,0}(q) = EP_{R,0}(q) + CW_0(q)]$$

$$= \arg\left\{\max_q (r-v)\mu_0 - (c-v)q - (r-v)\sqrt{d_0+\delta}\,\Psi\left(\frac{q-\mu_0}{\sqrt{d_0+\delta}}\right) + \tau q\right\}$$

需要注意的是，$\dfrac{d\Psi[a(q)]}{dq} = \{\Phi[a(q)] - 1\}\dfrac{da(q)}{dq}$，求取 $U_{R,0}(q)$ 关于 q 的一阶和二阶导数，结果如下：

$$\frac{dU_{R,0}(q)}{dq} = -(c-v) - (r-v)\left[\Phi\left(\frac{q-\mu_0}{\sqrt{d_0+\delta}}\right) - 1\right] + \tau$$

$$= (r-c+\tau) - (r-v)\Phi\left(\frac{q-\mu_0}{\sqrt{d_0+\delta}}\right)$$

$$\frac{d^2 U_{R,0}(q)}{dq^2} = -\frac{(r-v)}{\sqrt{d_0+\delta}}\left[\phi\left(\frac{q-\mu_0}{\sqrt{d_0+\delta}}\right)\right] < 0$$

因此 $U_{R,0}(q)$ 是一个严格凹函数，在时刻 0 的最优订购批量如下所示。

$$q_{R,0}^* = \arg_q\left[\frac{dU_{R,0}(q)}{dq} = 0\right]$$

$$= \mu_0 + \sqrt{d_0+\delta}\,\Phi^{-1}\left(\frac{r+\tau-c}{r-v}\right)$$

将 $q_{R,0}^* = \mu_0 + \sqrt{d_0+\delta}\,\Phi^{-1}\left(\frac{r+\tau-c}{r-v}\right)$ 代入 $U_{R,0}(q)$ 得出时尚零售商的最优收益函数，如下所示：

$$U_{R,0*} = (r-v)\mu_0 - (c-v-\tau)q_{R,0}^* - (r-v)\sqrt{d_0+\delta}\,\Psi\left[\Phi^{-1}\left(\frac{r+\tau-c}{r-v}\right)\right]$$

定义：

$$s = \left(\frac{r+\tau-c}{r-v}\right)$$

这里只考虑 $\tau < c-v$ 的情况（否则依据消费者福利的重要性，时尚零售商就必须订购无限量的产品）。可将 $U_{R,0*}$ 简化为：

$$U_{R,0*} = (r-v)\mu_0 - (c-v-\tau)[\mu_0 + \sqrt{d_0+\delta}\,\Phi^{-1}(s)] - (r-v)\sqrt{d_0+\delta}\,\Psi[\Phi^{-1}(s)]$$

$$= (r-c)\mu_0 - (r-v)\sqrt{d_0+\delta}\,\phi[\Phi^{-1}(s)]$$

同样地，在时刻 1，定义 $U_{R,1}(q|\mu_1) = EP_{R,1}(q|\mu_1) + CW_1(q)$，并推导出最优订购批量：

$$q_{R,1}^*(\mu_1) = \arg[\max_q U_{R,1}(q|\mu_1)]$$

$$= \arg \left\{ \max_q (r-v)\mu_1 - (c-v)q - (r-v)\sqrt{d_1+\delta}\,\Psi\left(\frac{q-\mu_1}{\sqrt{d_1+\delta}}\right) + \tau q \right\}$$

可以直接看出$\dfrac{d^2 U_{R,1}(q|\mu_1)}{dq^2}<0$，因此$U_{R,1}(q|\mu_1)$是一个严格凹函数。所以时刻1的最佳订购量如下：

$$q^*_{R,1}(\mu_1) = \arg_q \left(\frac{dU_{R,1}(q|\mu_1)}{dq}=0\right)$$

$$= \mu_1 + \sqrt{d_1+\delta}\,\Phi^{-1}\left(\frac{r+\tau-c}{r-v}\right)$$

将$q^*_{R,1}(\mu_1)$代入$U_{R,1}(q|\mu_1)$得出在时刻1时尚零售商的最优收益函数：

$$U_{R,1}(q^*_{R,1}|\mu_1) = (r-v)\mu_1 - (c-v-\tau)q^*_{R,1}(\mu_1)$$

$$-(r-v)\sqrt{d_1+\delta}\,\Psi\left[\Phi^{-1}\left(\frac{r+\tau-c}{r-v}\right)\right]$$

$$= (r-c)\mu_1 - (r-v)\sqrt{d_1+\delta}\phi[\Phi^{-1}(s)]$$

定义：

$$B_{R,ECR} = U_{R,1}(q^*_{R,1}|\mu_1) - U_{R,0*}$$

$$\Delta q_{R,ECR} = q^*_{R,1}(\mu_1) - q^*_{R,0}$$

$B_{R,ECR}$表示时尚零售商采用ECR后获得的净收益，而$\Delta q_{R,ECR}$表示数量差异。然而，由于μ_1在时刻0时是未知的（同时是一个随机变量），$B_{R,ECR}$和$\Delta q_{R,ECR}$在时刻0时也是随机变量。因此，为了给出一个确定值，本节采用μ_1的预期值，得出以下公式：

$$EB_{R,ECR} = E_{\mu_1}[B_{R,ECR}]$$

$$= (r-c)\mu_0 - (r-v)\sqrt{d_1+\delta}\phi[\Phi^{-1}(s)] - \{(r-c)\mu_0$$

$$- (r-v)\sqrt{d_0+\delta}\phi[\Phi^{-1}(s)]\}$$

$$= (r-v)(\sqrt{d_0+\delta} - \sqrt{d_1+\delta})\phi[\Phi^{-1}(s)]$$

$$\Delta EQ_{R,ECR} = E_{\mu_1}[\Delta q_{R,ECR}]$$

$$= \mu_0 + \sqrt{d_1+\delta}\Phi^{-1}\left(\frac{r+\tau-c}{r-v}\right) - \left[\mu_0 + \sqrt{d_0+\delta}\Phi^{-1}\left(\frac{r+\tau-c}{r-v}\right)\right]$$

$$= -(\sqrt{d_0+\delta} - \sqrt{d_1+\delta})\left[\Phi^{-1}\left(\frac{r+\tau-c}{r-v}\right)\right]$$

命题4.1中总结了主要研究结果。

命题4.1：（1）对于时尚零售商来说，有效客户响应系统总是能给他们带来正面净效益，即$EB_{R,ECR}>0$。

（2）如果 $\tau > c - 0.5v - 0.5r$，有效客户响应系统会损害消费者福利；如果 $\tau < c - 0.5v - 0.5r$，会使消费者受益。

命题4.1的证明：（1）这是从 $EB_{R,ECR} = (r-v)(\sqrt{d_0+\delta} - \sqrt{d_1+\delta})\phi[\Phi^{-1}(s)]$ 直接观察到的。由于 $(r-v) > 0, (\sqrt{d_0+\delta} - \sqrt{d_1+\delta}) > 0$，且 $\phi[\Phi^{-1}(s)] > 0$，得出 $EB_{R,ECR} > 0$。

（2）$\tau(\Delta EQ_{R,ECR})$ 是使用有效客户响应系统后消费者福利的变化。进一步观察到 $\left(\dfrac{r+\tau-c}{r-v}\right) > 0.5 \Leftrightarrow c - 0.5v - 0.5r < \tau$ 且 $\left(\dfrac{r+\tau-c}{r-v}\right) < 0.5 \Leftrightarrow c - 0.5v - 0.5r > \tau$。由于 $\Phi^{-1}(s) > 0$ if $s > 0.5$ 且 $\Phi^{-1}(s) < 0$ if $s < 0.5$，得出当且仅当 $c - 0.5v - 0.5r > \tau$ 时，$\tau(\Delta EQ_{R,ECR}) > 0$，当且仅当 $c - 0.5v - 0.5r < \tau$ 时，$\tau(\Delta EQ_{R,ECR}) < 0$。

命题4.1（1）呈现出一个有趣的结果，时尚零售商在使用有效客户响应系统时总是受益的（这与文献中报告的结果一致，如Iyer和Bergen，1997）。然而，这并不一定使消费者受益，因为预期的产品数量可能比市场上的更少，这直接导致消费者福利下降，正如命题4.1（2）所示。确切地说，如果消费者福利系数过大（即 $c-0.5v-0.5r<\tau$），那么命题4.1（2）显示有效消费者反应系统不利于消费者福利；然而，如果消费者福利系数足够小（即 $c-0.5v-0.5r<\tau$），命题4.1（2）显示有效客户响应系统有利于消费者福利。因此，有效客户响应系统对消费者福利是否弊大于利，关键在于消费者福利系数的大小。

4.4· 多方共赢

4.3节中探讨了有效客户响应系统对时尚零售商和消费者福利的价值。本节检验其对制造商的预期利润和时尚零售供应链系统的影响。需要注意的是，此处假设时尚供应链是由时尚零售商领导，由零售商决定订货量，而制造商做出相应的反应并生产所需数量。假设用 m 表示产品的单位制造成本。因此，在执行有效客户响应系统的情况下，制造商的期望收益润如下：

在时刻0时（没有 ECR）：

$$EP_{M,0^*} = (c-m)q_{R,0}^* = (c-m)\left[\mu_0 + \sqrt{d_0+\delta}\,\Phi^{-1}\left(\frac{r+\tau-c}{r-v}\right)\right]$$

在时刻1时（没有 ECR）：

$$EP_{M,1^*}(\mu_1) = (c-m)q_{R,1}^*(\mu_1) = (c-m)\left[\mu_1 + \sqrt{d_1+\delta}\,\Phi^{-1}\left(\frac{r+\tau-c}{r-v}\right)\right]$$

定义：

$$B_{M,ECR} = EP_{M,1^*}(\mu_1) - EP_{M,0^*}$$

且

$$EB_{M,ECR} = \underset{\mu_1}{E}[B_{M,ECR}]$$

$$= -(c-m)(\sqrt{d_0+\delta} - \sqrt{d_1+\delta})\left[\varPhi^{-1}\left(\frac{r+\tau-c}{r-v}\right)\right]$$

其中，$EB_{M,ECR}$代表制造商使用有效客户响应系统的期望收益。

定义：

$$EB_{SC,ECR}=EB_{R,ECR}+EB_{M,ECR}$$

命题4.2显示了实施有效客户响应系统对制造商产生的影响。

命题4.2：当且仅当$c-0.5v-0.5r<\tau$时，有效客户响应系统会损害制造商的利润；当且仅当$\tau<c-0.5v-0.5r$时，则会提高制造商的利润。

命题4.2的证明：由于$(c-m)>0$，且$(\sqrt{d_0+\delta} - \sqrt{d_1+\delta})>0$，得出：

$$(c-m)(\sqrt{d_0+\delta} - \sqrt{d_1+\delta})>0$$

请注意，当且仅当$s>0.5 \Leftrightarrow c-0.5v-0.5r<\tau$时，$\varPhi^{-1}(s)>0$，当且仅当$s<0.5 \Leftrightarrow c-0.5v-0.5r>\tau$时，$\varPhi^{-1}(s)<0$。

因此，当且仅当$c-0.5v-0.5r>\tau$时，$EB_{M,ECR}>0$，当且仅当$c-0.5v-0.5r<\tau$时，$EB_{M,ECR}<0$。

命题4.2与命题4.1类似，制造商能否从有效消费者反应系统中获益，取决于消费者福利系数的大小。确切地说，如果消费者福利系数过大（即$c-0.5v-0.5r<\tau$），命题4.2表明，有效消费响应策略会损害制造商的利益；反之，如果消费者福利系数足够小（即$c-0.5v-0.5r>\tau$），命题4.2证明有效客户响应系统给制造商带来了利益。因此，消费者福利系数的值至关重要。

根据命题4.1和命题4.2，得出命题4.3。

命题4.3：有效的客户响应系统在时尚零售供应链系统中实现了多方共赢。当且仅当$\tau<c-0.5v-0.5r$时，它能让时尚零售商、制造商、消费者和时尚零售供应链系统共同受益。

命题4.3的证明：从命题4.1可以看出，时尚零售商总是受益于有效客户响应策略。从命题4.2和命题4.1（2）可知，当且仅当$\tau<c-0.5v-0.5r$时，制造商的利润和消费者福利才会在有效客户响应策略下得到改善。由于时尚零售供应链包括时尚零售商、制造商和消费者，所以$\tau<c-0.5v-0.5r$是保证所有消费者都能从有效客户响应策略中受益的必要且充分条件（Q.E.D）。

命题4.3简明地指出，如果消费者福利系数足够小，即$\tau<c-0.5v-0.5r$，就有可能实现时尚零售供应链的共赢。再次表明了消费者福利系数的关键作用。

4.5 供应链协调

在4.3节和4.4节中，时尚零售供应链是一个分散式系统。时尚零售商的最优订购数量（在时刻0和时刻1）与供应链系统各自的最优数量（在时刻0和时刻1）不同。

定义：

对于给定的μ_1，$q_{SC,0}^*$为时尚零售供应链系统在时刻0的最优订购批量❶，$q_{SC,1}^*(\mu_1)$为时尚零售供应链系统在时刻1的最优订购批量。

供应链系统的最优数量可以直接表示为：

$$q_{SC,0}^* = \mu_0 + \sqrt{d_0 + \delta}\, \Phi^{-1}\left(\frac{r + \tau - m}{r - v}\right)$$

$$q_{SC,1}^*(\mu_1) = \mu_1 + \sqrt{d_1 + \delta}\, \Phi^{-1}\left(\frac{r + \tau - m}{r - v}\right)$$

与第二章讨论的内容类似，为了实现协调，时尚零售商和制造商可以协商并采用寄售合同，即制造商按成本供应产品，并与时尚零售商（按适当比例）分配零售收益。或者，他们也可以强制签订降价合同，其中制造商将赞助时尚零售商进行季末剩余商品的降价促销，单位价格补贴为λ（Shen等，2013）。命题4.4显示了如何设置价格补贴来实现时尚零售供应链的协调。

命题4.4：可以通过使用参数$\lambda = \dfrac{(r-v)(c-m)}{r+\tau-m}$的降价合同来协调时尚零售供应链系统（对于使用和不使用有效客户响应系统的两种情况）。

命题4.4的证明：对于时尚零售商在时刻1下单的情况给出证明（如在有效客户响应系统下），因为时尚零售商在时刻0下单的情况类似，不做赘述。在执行降价合同的情况下，时尚零售商在时刻1的最优库存量如下：$q_{R,1}^*(\mu_1, \lambda) = \mu_1 + \sqrt{d_1 + \delta}\, \Phi^{-1}\left(\frac{r+\tau-c}{r-v-\lambda}\right)$。时尚零售供应链系统的最优数量是$q_{SC,1}^*(\mu_1) = \mu_1 + \sqrt{d_1 + \delta}\, \Phi^{-1}\left(\frac{r+\tau-m}{r-v}\right)$。为了实现供应链协调，需要找到$\lambda$的一个值，使$q_{R,1}^*(\mu_1, \lambda)$和$q_{SC,1}^*(\mu_1)$相等：

$$q_{R,1}^*(\mu_1, \lambda) = q_{SC,1}^*(\mu_1)$$

$$\Leftrightarrow \mu_1 + \sqrt{d_1 + \delta}\, \Phi^{-1}\left(\frac{r+\tau-c}{r-v-\lambda}\right) = \mu_1 + \sqrt{d_1 + \delta}\, \Phi^{-1}\left(\frac{r+\tau-m}{r-v}\right)$$

$$\Leftrightarrow \frac{r+\tau-c}{r-v-\lambda} = \frac{r+\tau-m}{r-v}$$

$$\Leftrightarrow (r+\tau-c)(r-v) = (r-v-\lambda)(r+\tau-m)$$

$$\Leftrightarrow \lambda = \frac{(r-v)(c-m)}{r+\tau-m} \text{ (Q.E.D.)}$$

---

❶ 时尚零售供应链系统包括时尚零售商、制造商和消费者（因此优化目标包括消费者福利）。

命题4.4说明了如何使用降价合同来协调时尚零售供应链系统。重要的是要观察到，当消费者福利系数增加时，价格补贴λ会减少。

另外还有其他相关研究提出了不同的措施，用来提高类似于实施有效客户响应系统情况下的供应链绩效。例如，Iyer和Bergen（1997）提出了服务水平承诺、产量承诺和批发价承诺方案，以期在快速响应下实现供应链中的帕累托优化。Eppen和Iyer（1997）提出了一种依据信息更新的时尚采购改进方案。Eppen、Iyer（1997）研究了时尚供应链中具有信息更新的补偿协议。他们提出的补偿协议是一种激励调整方案，有助于协调供应链。

4.6　数值分析

为了更好地说明理论结果，本节进行数值分析。先设定以下参数：$r=100$，$c=80$，$m=30$，$v=20$，$\tau=10$，$\mu_0=150$，$d_0=2000$，$\delta=500$。结果如图4-1～图4-8所示。表4-1总结了这些趋势（所有详细数值都包含在附录里，表4-2～表4-9）。

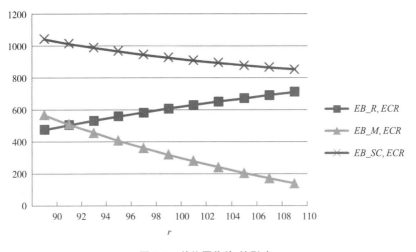

图4-1　单位零售价r的影响

从表4-1中可以看出，当批发价格c增加、可减少的需求不确定性d_0增加、零售价格r降低、生产成本m降低、市场清仓价格v降低、消费者福利系数τ减小以及δ减小时，有效顾客响应系统对时尚零售供应链系统具有特别重要的意义。还值得注意的是，0时刻μ_0的需求均值（先验均值）并不影响有效顾客响应系统给时尚零售商、制造商和整个时尚零售供应链系统带来益处的重要性。

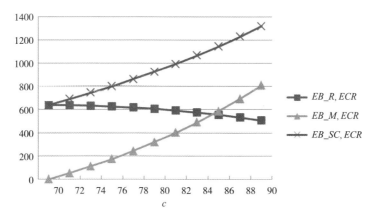

图4-2　单位批发价c的影响

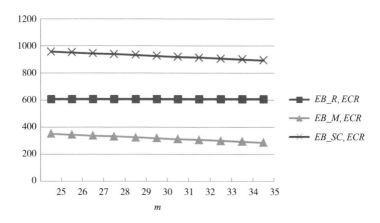

图4-3　单位成本m的影响

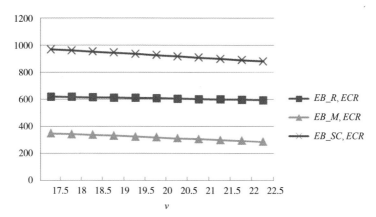

图4-4　市场出清价格v的影响

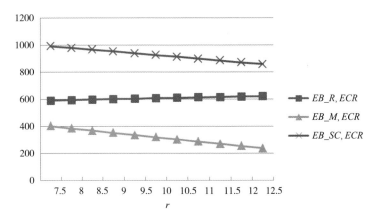

图4-5 单位零售价r的影响

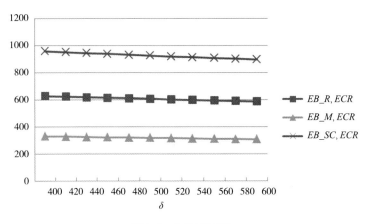

图4-6 方差δ的影响

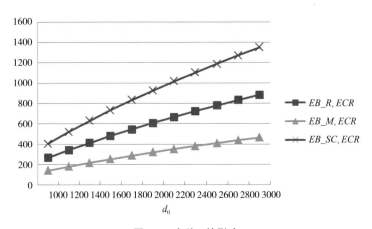

图4-7 方差d_0的影响

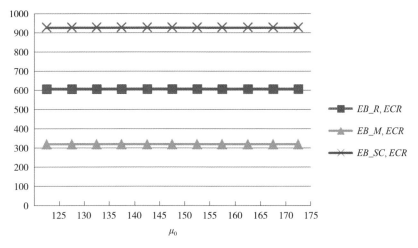

图4-8　平均值μ_0带来的影响

表4-1　有效客户响应对于时尚零售商、制造商和时尚零售供应链的敏感性结果

参数	$EB_{R, ECR}$	$EB_{M, ECR}$	$EB_{SC, ECR}$
$r\uparrow$	$\uparrow$	$\downarrow$	$\downarrow$
$c\uparrow$	$\downarrow$	$\uparrow$	$\uparrow$
$m\uparrow$	$-$	$\downarrow$	$\downarrow$
$v\uparrow$	$\downarrow$	$\downarrow$	$\downarrow$
$\tau\uparrow$	$\uparrow$	$\downarrow$	$\downarrow$
$\delta\uparrow$	$\downarrow$	$\downarrow$	$\downarrow$
$d_0\uparrow$	$\uparrow$	$\uparrow$	$\uparrow$
$\mu_0\uparrow$	$-$	$-$	$-$

↑=增大；↓=减小；–=没有变化

4.7　结论

　　本章探索了有效顾客响应系统给时尚零售供应链带来的影响。根据相关文献，书中采用了贝叶斯信息更新模型（在正态共轭对方案下），构建一个正式的解析模型来进行分析。与以往的相关研究不同，本书将消费者福利纳入了分析范围。与以往的研究相似的是，本章发现有效消费者反应系统对时尚零售商是有利的。然而，意想不到的是，消费者福利系数在决定有效的消费者反应系统对消费者福利和制造商是有害还是有益的过程中起着至关重要的作用。确切地说，本书发现，如果消费者福利系数足够大，有效消费者反应系统会给制造商带来伤害，同时也会降低消费者的福利。反之，如果消费者福利系数足够小，有效消费者反应系统会给制造商带来利益，提高消费者福利，这意味着可以创造一个多方共赢的局面，

即时尚零售商、制造商、消费者和整个时尚零售供应链都将受益于有效消费者反应系统。此外，本章还研究了时尚零售供应链的协调问题，并通过分析证明了降价合同可以实现协调。最后，通过数值敏感性分析，研究了不同模型参数产生的影响。

参考文献

Azoury, K.S. (1985) Bayes Solution to dynamic inventory models under unknown demand distribution. *Management Science*, 31, 1150–1160.

Azoury, K.S. & Miller, B.L. (1984) A comparison of the optimal ordering levels of Bayesian and non-Bayesian inventory models. *Management Science*, 30, 993–1003.

Choi, T.M. (2007) Pre-season stocking and pricing decisions for fashion retailers with multiple information updating, *International Journal of Production Economics*, 106, 146–170.

Choi, T.M. & Chow, P.S. (2008) Mean variance analysis of the quick response program. *International Journal of Production Economics*, 114, 456–475.

Choi, T.M., Li, D. & H. Yan, (2003) Optimal two-stage ordering policy with Bayesian information updating. *Journal of the Operational Research Society*, 54, 846–859.

Choi, T.M., Li, D. & Yan, H. (2004) Optimal single ordering policy with multiple delivery modes and Bayesian information updates. *Computers and Operations Research*, 31, 1965–1984.

Choi, T.M., Li, D. & Yan, H. (2006) Quick response policy with Bayesian information updates. *European Journal of Operational Research*, 170, 788–808.

Chow, P.S., Choi, T.M. & Cheng, T.C.E. (2012) Impacts of minimum order quantity on a quick response supply chain. *IEEE Transactions on Systems, Man, and Cybernetics – Part A*, 42, 868–879.

Donohue, K.L. (2000) Efficient supply contract for fashion goods with forecast updating and two production modes. *Management Science*, 46, 1397–1411.

Eppen, G.D. & Iyer, A.V. (1997) Improved fashion buying with Bayesian updates. *Operations Research*, 45, 805–819.

Eppen, G.D. & Iyer, A.V. (1997) Backup agreements in fashion buying – the value of upstream flexibility. *Management Science*, 43, 1469–1484.

Fisher, M., Hammond, J.H., Obermeyer, W.R. & Raman, A. (1994) Making supply meet demand in an uncertain world. *Harvard Business Review*, May–June, 83–93.

Fisher, M. & Raman, A. (1996) Reducing the cost of demand uncertainty through accurate response to early sales. *Operations Research*, 44, 87–99.

Fisher, M., Rajaram, K. & Raman, A. (2001) Optimizing inventory replenishment of retail fashion products. *Manufacturing and Service Operations Management*, 3, 230–241.

Hoffman, J.M. & Mehra, S. (2000) Efficient consumer response as a supply chain strategy for grocery businesses. *International Journal of Service Industry Management*, 11, 365–373.

Iyer, A.V. & Bergen, M.E. (1997) Quick response in manufacturer-retailer channels. *Management Science*, 43, 559–570.

Kim, H.S. (2003) A Bayesian analysis on the effect of multiple supply options in a quick response environment. *Naval Research Logistics*, 50, 1–16.

Kurnia, S. & Johnson, R.B. (2001) Adoption of efficient consumer response: The issue of mutuality. *Supply Chain Management: An International Journal*, 6, 230–241.

Kurt Salmon Associates (1993) *Efficient Consumer Response: Enhancing Consumer Value in the Grocery Industry*. Food Marketing Institute, Washington, DC.

Shen, B., Choi, T.M., Wang, Y. & Lo, C.K.Y. (2013) The coordination of fashion supply chains with a risk averse supplier by the markdown money policy. *IEEE Transactions on Systems, Man, and Cybernetics – Systems*, 43(2), 266–276.

Svensson, G. (2002) Efficient consumer response – its origin and evolution in the history of marketing. *Management Decision*, 40, 508–519.

附录　数据分析表

表4–2　单位零售价 r 带来的影响

r	$EB_{R, ECR}$	$EB_{M, ECR}$	$EB_{SC, ECR}$
90	476	566	1042
92	505	508	1013
94	532	456	988
96	558	407	965
98	583	361	944
100	607	319	925
102	629	279	908
104	651	241	892
106	672	205	877
108	692	172	863
110	711	140	851

表4–3　单位批发价 c 带来的影响

c	$EB_{R, ECR}$	$EB_{M, ECR}$	$EB_{SC, ECR}$
70	638	0	638
72	637	53	690
74	633	111	744
76	627	174	801
78	618	243	861
80	607	319	925
82	593	401	993
84	576	490	1066
86	556	587	1144
88	534	693	1227
90	508	809	1318

表4-4   单位成本 m 带来的影响

m	$EB_{R,ECR}$	$EB_{M,ECR}$	$EB_{SC,ECR}$
25	607	351	957
26	607	344	951
27	607	338	944
28	607	331	938
29	607	325	932
30	607	319	925
31	607	312	919
32	607	306	912
33	607	300	906
34	607	293	900
35	607	287	893

表4-5   市场出清价格 v 带来的影响

v	$EB_{R,ECR}$	$EB_{M,ECR}$	$EB_{SC,ECR}$
17.5	619	349	968
18	617	343	960
18.5	614	337	951
19	612	331	943
19.5	609	325	934
20	607	319	925
20.5	604	312	916
21	601	306	907
21.5	599	300	898
22	596	293	889
22.5	593	287	880

表4-6 消费者福利τ带来的影响

τ	$EB_{R,ECR}$	$EB_{M,ECR}$	$EB_{SC,ECR}$
7.5	589	402	991
8	593	385	978
8.5	596	369	965
9	600	352	952
9.5	603	335	938
10	607	319	925
10.5	610	302	912
11	613	286	898
11.5	615	270	885
12	618	253	871
12.5	620	237	858

表4-7 方差δ带来的影响

δ	$EB_{R,ECR}$	$EB_{M,ECR}$	$EB_{SC,ECR}$
400	628	330	958
420	624	328	951
440	619	325	944
460	615	323	938
480	611	321	931
500	607	319	925
520	603	317	919
540	599	314	913
560	595	312	907
580	591	310	902
600	587	309	896

表4-8　方差d_0带来的影响

d_0	$EB_{R, ECR}$	$EB_{M, ECR}$	$EB_{SC, ECR}$
1000	265	139	404
1200	341	179	520
1400	412	216	629
1600	480	252	732
1800	545	286	831
2000	607	319	925
2200	666	350	1016
2400	723	380	1103
2600	779	409	1188
2800	832	437	1270
3000	884	465	1349

表4-9　平均值μ_0带来的影响

μ_0	$EB_{R, ECR}$	$EB_{M, ECR}$	$EB_{SC, ECR}$
125	607	319	925
130	607	319	925
135	607	319	925
140	607	319	925
145	607	319	925
150	607	319	925
155	607	319	925
160	607	319	925
165	607	319	925
170	607	319	925
175	607	319	925

第5章

时尚零售供应链中的新产品选择

摘要

在这一章中，研究了由单个制造商、单个零售商组成的两级时尚零售供应链中的新产品选择问题。本章设想的情况是，时尚零售商计划从一系列可获得的产品中选择供应一种新产品。由于需求与未来的市场形势相关，书中假设每个候选新产品都存在两种情况：一种是市场需求预期较高的情况，另一种是市场需求预期较低的情况。市场出现高低需求的概率是可以估计的。时尚零售商需要考虑到自己的期望收益，来决定推出哪种新产品。在这两种不同的情景下研究这一问题，经分析表明，在这两种情景下，时尚零售商都应该选择预期平均需求最高的新产品。有趣的是，这个特定的最优产品对于制造商和整个时尚零售供应链系统都将是最优的。数值敏感性分析表明，如果零售价格上涨、市场清仓销售价格上涨、批发价降低、产品制造成本降低时，整个时尚零售供应链系统将获得更高的期望收益。

关键词

新产品开发、时尚产品拓展、市场状况

5.1 引言

时尚零售业中，推出新产品是一种常见的策略（Caniato等，2014）。这些新产品可以是新设计的产品，也可以是全新的类别[1]。中国香港时尚零售商堡狮龙（Bossini）在夏季或冬季推出了许多时髦的卡通T恤。例如，堡狮龙在2012年冬天推出了《愤怒的小鸟》系列卡通T恤，大获成功。此时出现这样一个问题：既然市

---

[1] 参见Soldani等人（2013）关于时尚行业新产品开发过程的讨论。

场上有这么多卡通人物，为什么堡狮龙选择了《愤怒的小鸟》而不选择其他的呢？决定最优新产品选择的关键因素是什么？从这个观察到的行业问题和在时尚零售业中新产品库存管理的重要性受到启发（Billington等，1998；Caniato等，2014），本章对此进行分析研究。

首先，文中称这些产品为"新产品"，因为它们对时尚零售商来说是新产品，也就没有足够的信息进行非常精确的需求预测（Thomassey，2014）。事实上，Kahn（2002）发现零售商没有特别准确的方法可以预测新产品的需求。在与新产品相关的库存管理的运营管理文献中，由于缺乏新产品的信息，Wanke（2008）提出使用均匀分布来构建库存模型。Shen等人（2013）研究了时尚零售公司在推出新产品的过程中的定价方法。他们认为公司的产能有限，所以他们将定价、库存和产决策整合在一起，并通过最优控制方法解决问题。他们发现，调整价格的能力比其他运营策略（如持有更多库存）要重要得多。此外，他们还发现简单的政策也能产生很好的效果。Ke等人（2013）研究了实行产品线延伸的营销策略的情况下，分析库存成本如何影响推出新产品的时机。

本章与前面的研究类似，主要研究新产品的库存管理。然而，本章采取了完全不同的视角和关注点。具体而言，是考虑了以下两种不同的情景。

情景一指的是假设新产品的需求遵循两种市场状态，这两种市场状态取决于经济状况。在"高"市场状态下（经济或股市在销售旺季表现良好），需求将按照"高"需求分布进行分配。在"低"市场状态下（经济或股市在销售旺季不景气），需求将按"低"需求分布。时尚零售商在决定选择哪个产品时不知道会出现高市场状态还是低市场状态，即使时尚零售商知道每个市场状态发生的概率（如从财务方面预测）。此外，在销售季开始前一个月左右，时尚零售商会了解市场状态是高还是低，并可以据此做出最终的最优订购决策。

情景二中，每种新产品都与一个特定事件相关，这个事件会影响消费者效用和其对产品的偏好，从而影响产品需求。例如，在上面提到的堡狮龙案例中，假设堡狮龙对几个即将上映的动画电影中的卡通人物进行斟酌，将它们作为即将到来的夏季新产品备选。这些选择包括《玩具总动员》《怪物工厂》等。在选择哪个卡通人物作为新产品的主题时，堡狮龙无法确切地知道电影的受欢迎程度（以及对每个卡通人物的相关需求）是高还是低，但它确实对每部电影的成功概率进行了估算。有趣的是，这些电影中有许多是先在美国上映，然后大约一个月后在中国香港上映。因此，如果电影在美国获得了良好的反响，就表明需求属于高分布。如果电影在美国反响不佳，说明需求属于低分布。因此，时尚零售商可以在了解到相关电影在美国的受欢迎程度后，决定所选时尚产品的最终最优订购批量。

下文5.2节首先介绍了基本模型。之后在5.3节和5.4节中分别对每种情况进行分析。在5.5节讨论数值敏感性分析和相应的研究结果。在最后的5.6节讨论未来的研究方向。

5.2　基本模式

本节设想的情况是时尚零售商有 n 种新产品可供选择。这 n 种产品都属于同一个产品类别（如都是卡通T恤），但差异很大且互不相关（如每个都代表不同的卡通人物系列）。因此，它们具有非常相似的成本和收益参数。根据报童模型（Choi 等，2008；Choi，2012），这 n 种新产品中的每一种都以单位零售价 r 在市场上销售。时尚零售商以单位批发价格 w 获得产品。季末清理和"抢救"剩余产品的单位市场清仓价用 v 表示。制造商的单位产品制造成本为 c。每一种新产品 i 都可能有两种需求分布，分别是高分布情况和低分布情况：

$$D_{i,H} \sim N(\mu_{i,H}, \sigma^2)$$
$$D_{i,L} \sim N(\mu_{i,L}, \sigma^2)$$

其中 $N(\cdot)$ 遵循正态分布，$\mu_{i,H}$ 和 $\mu_{i,L}$ 是平均值，且 $\mu_{i,H} > \mu_{i,L}$，标准差为 σ。值得注意的是，本书假设需求变异是相同的，因为没有办法对新产品的需求变量进行精确估计。时尚零售商要做的就是努力凭借经验获得最精准的预估。此外，这种变化反映了市场对需求的不确定性，可以说，无论平均需求是高还是低，不确定性都是相同的。

当时尚零售商需要决定选择哪种新产品时，不知道产品 i 的需求分布是 $D_{i,H}$ 还是 $D_{i,L}$。但时尚零售商的确对 $D_{i,H}$ 和 $D_{i,L}$ 的发生概率进行了估计。准确地说，时尚零售商知道的是 $D_{i,H}$ 出现的概率为 ρ_i，而 $D_{i,L}$ 的出现概率为 $1-\rho_i$。

产品决策顺序如下：时尚零售商首先了解两种市场状态和每种需求状态发生的概率。这时，时尚零售商需要决定在 n 种新产品的集合中选择订购哪种新产品。书中称为阶段1。之后，快到新产品销售季的时间点时，时尚零售商观察了解真实的市场状态，即 $D_{i,H}$ 或 $D_{i,L}$ 是否为真实的需求分布。本书将此称为阶段2。在阶段2，时尚零售商与制造商确认准确的订购数量（于是在供应链中执行第4章讨论过的有效客户响应方案）。制造商收到确认的订单后做出反应，在销售季开始前按时生产和运送成品。

通过上述模型，了解到对于两种可能的市场状态 q_{i,H^*} 和 q_{i,L^*}，时尚零售商的最优订购数量（使各自的期望收益最大化）如下（遵循第3章中讨论的标准报童问题）：

高需求的情况下：$D_{i,H}: q_{i,H^*} = \mu_{i,H} + \sigma \Phi^{-1} \left(\dfrac{r-w}{r-v} \right)$。

低需求的情况下：$D_{i,L}: q_{i,L^*} = \mu_{i,L} + \sigma \Phi^{-1} \left(\dfrac{r-w}{r-v} \right)$。

根据观察到的大多数实际情况，本章的设想是当库存服务水平 $\left(\dfrac{r-w}{r-v} \right)$ 总是大于0.5时。那么就可以得出：

$$\varPhi^{-1}\left(\frac{r-w}{r-v}\right)>0$$

用$q_{i,H*}$和$q_{i,L*}$可以推导出时尚零售商推出新产品i的预期最优利润函数（相关细节参见第四章）：

$$
\begin{aligned}
EP_{i,R*} = {} & \rho_i\left\{(r-w)\mu_{i,H}-(r-v)\sigma\phi\left[\varPhi^{-1}\left(\frac{r-w}{r-v}\right)\right]\right\} \\
& + (1-\rho_i)\left\{(r-w)\mu_{i,L}-(r-v)\sigma\phi\left[\varPhi^{-1}\left(\frac{r-w}{r-v}\right)\right]\right\} \quad （5-1）\\
= {} & (r-w)[\rho_i\mu_{i,H}+(1-\rho_i)\mu_{i,L}]-(r-v)\sigma\phi\left[\varPhi^{-1}\left(\frac{r-w}{r-v}\right)\right]
\end{aligned}
$$

制造商相应的预期利润为：

$$
\begin{aligned}
EP_{i,M*} = {} & (w-c)[\rho_i q_{i,H*}+(1-\rho_i)q_{i,L*}] \\
= {} & (w-c)\left\{\rho_i\left[\mu_{i,H}+\sigma\varPhi^{-1}\left(\frac{r-w}{r-v}\right)\right]+(1-\rho_i)\left[\mu_{i,L}+\sigma\varPhi^{-1}\left(\frac{r-w}{r-v}\right)\right]\right\} \quad （5-2）
\end{aligned}
$$

定义：

$$EP_{i,SC*}=EP_{i,R*}+EP_{i,M*}$$

引理5.1总结了$EP_{i,R*}$、$EP_{i,M*}$和$EP_{i,SC*}$的一些结构特性。

引理5.1： $EP_{i,R*}$、$EP_{i,M*}$和$EP_{i,SC*}$都是关于ρ_i、$\mu_{i,H}$和$\mu_{i,L}$的递增函数。

引理5.1表明，对于任何新产品i，时尚零售商、制造商和时尚零售供应链各自的最优预期利润都随着具有高市场需求状态ρ_i的概率以及产品i在各潜在市场需求分布下的需求均值的增加而增加。这两个结果都非常直观。下面的引理5.2显示了在每种市场状态下需求分布的内在需求波动所带来的影响。

引理5.2： 当σ增加，$EP_{i,R*}$和$EP_{i,SC*}$递减，而$EP_{i,M*}$递增。

引理5.2显示了内在需求波动σ对时尚零售商、整个时尚零售供应链系统和制造商的预期利润的影响。具体来说，较大的内在需求波动对时尚零售商是有害的，因为时尚零售商必须订购更多库存，才能实现供需匹配，从而达到预期利润最大化的目标。然而，这种较高的内在需求波动却对制造商有利，因为时尚零售商将订购更多数量。遗憾的是，对于整个时尚零售供应链来说，内在需求波动的增加是有害的。因此，从整个供应链系统的角度来看，降低这种内在的需求波动是重要且有益的。

5.3　分析：情景一

在情景一中，本文假设的情况是，新产品的需求遵循两种市场状态，这两种市场状态取决于共同的外部因素，如经济形势。由于经济形势高低的概率与具体的新产品i无关，因此设定$\rho_1=\rho_2=\cdots=\rho_n=\rho$。为了便于记述，这里添加下标（1）来表示场景一。

定义：

$$\bar{\mu}_{i,(1)} = \rho\mu_{i,H} + (1 - \rho)\mu_{i,L}$$

代表在情景一中阶段1的预期需求均值。

在此情景下，可以将式（5-1）和式（5-2）重新表示为：

$$
\begin{aligned}
EP_{i,R,(1)^*} &= (r-w)[\rho\mu_{i,H} + (1-\rho)\mu_{i,L}] - (r-v)\sigma\phi\left[\Phi^{-1}\left(\frac{r-w}{r-v}\right)\right] \\
&= (r-w)\bar{\mu}_{i,(1)} - (r-v)\sigma\phi\left[\Phi^{-1}\left(\frac{r-w}{r-v}\right)\right]
\end{aligned}
\tag{5-3}
$$

$$
\begin{aligned}
EP_{i,M,(1)^*} &= (w-c)\left\{\rho\left[\mu_{i,H} + \sigma\Phi^{-1}\left(\frac{r-w}{r-v}\right)\right] + (1-\rho)\left[\mu_{i,L} + \sigma\Phi^{-1}\left(\frac{r-w}{r-v}\right)\right]\right\} \\
&= (w-c)\left[\bar{\mu}_{i,(1)} + \sigma\Phi^{-1}\left(\frac{r-w}{r-v}\right)\right]
\end{aligned}
\tag{5-4}
$$

定义：

$$EP_{i,SC,(1)^*} = EP_{i,R,(1)^*} + EP_{i,M,(1)^*} \tag{5-5}$$

根据式（5-3）～式（5-5），得出命题5.1。

命题5.1： 在情景一下，对于所有的 $i=1,2,\cdots,n$，新产品 i 的 $\bar{\mu}_{i,(1)}$ 值最大时，也就出现 $EP_{i,R,(1)^*}$、$EP_{i,M,(1)^*}$ 和 $EP_{i,SC,(1)}$ 的最大值。

命题5.1的证明： 从式（5-4）中可以发现 $EP_{i,R,(1)^*} = (r-w)\bar{\mu}_{i,(1)} - (r-v)\sigma\phi\left[\Phi^{-1}\left(\frac{r-w}{r-v}\right)\right]$。由于 $(r-w)$ 是正数，且对于所有考虑中的新产品，$(r-v)\sigma\phi\left[\Phi^{-1}\left(\frac{r-w}{r-v}\right)\right]$ 是一样的。$\bar{\mu}_{i,(1)}$ 越大意味着 $EP_{i,R,(1)^*}$ 越大。从式（5-4）可以注意到 $EP_{i,M,(1)^*} = (w-c)\left[\bar{\mu}_{i,(1)} + \sigma\Phi^{-1}\left(\frac{r-w}{r-v}\right)\right]$。因此，与 $EP_{i,R,(1)^*}$ 类似的情况下，新产品 i 具有最高的预期需求均值 $\bar{\mu}_{i,(1)}$，也就产生最大的 $EP_{i,M,(1)^*}$。因为供应链的预期利润 $EP_{i,SC,(1)^*} = EP_{i,R,(1)^*} + EP_{i,M,(1)^*}$，那么具有最大利润 $\bar{\mu}_{i,(1)}$ 的新产品 i 产生了最大的 $EP_{i,SC,(1)^*}$。

对于情景一中关于最优新产品的选择问题，命题5.1给出了一个非常简洁的分析结果。具体地说，预期需求均值最高的新产品是最优选择。意外的是，这一最优选择对时尚零售商、时尚零售供应链系统和制造商来说都是最好的选择。这是一个非常吸引人的结果，所有的供应链成员都会支持这个决策，并且供应链系统会根据这个新产品选择决策自动"协调"。

5.4　分析：情景二

在情景二中，设想的情况是每个产品都具有相同的高低需求分布参数。然而，在n种候选新产品中，每个需求分布（即ρ_i）出现的概率是不同的。书中用下标（2）来表示第二种情况下的数学符号。具体如下：

高需求情况下：$D_{1,H}=D_{2,H}=\cdots=D_{n,H}=D_{H,(2)}$，其中$\mu_{1,H}=\mu_{1,H}=\cdots=\mu_{n,H}=\mu_H$。

低需求情况下：$D_{1,L}=D_{2,L}=\cdots=D_{n,L}=D_{L,(2)}$，其中$\mu_{2,L}=\mu_{2,L}=\cdots=\mu_{n,L}=\mu_L$。

定义：

$$\bar{\mu}_{i,(2)}=\rho_i\mu_H+(1-\rho_i)\mu_L$$

这代表了情景二中阶段1的预期需求均值。

在此场景下，可以用以下方式重新表示式（5-1）和式（5-2）：

$$
\begin{aligned}
EP_{i,R,(2)*} &= (r-w)[\rho_i\mu_H+(1-\rho_i)\mu_L]-(r-v)\sigma\phi\left[\Phi^{-1}\left(\frac{r-w}{r-v}\right)\right] \\
&= (r-w)\bar{\mu}_{i,(2)}-(r-v)\sigma\phi\left[\Phi^{-1}\left(\frac{r-w}{r-v}\right)\right]
\end{aligned}
\tag{5-6}
$$

与情景一类似，制造商相应的预期利润为：

$$
\begin{aligned}
EP_{i,M,(2)*} &= (w-c)\left\{\rho_i\left[\mu_H+\sigma\Phi^{-1}\left(\frac{r-w}{r-v}\right)\right]+(1-\rho_i)\left[\mu_L+\sigma\Phi^{-1}\left(\frac{r-w}{r-v}\right)\right]\right\} \\
&= (w-c)\left[\bar{\mu}_{i,(2)}+\sigma\Phi^{-1}\left(\frac{r-w}{r-v}\right)\right]
\end{aligned}
\tag{5-7}
$$

定义：

$$EP_{i,SC,(2)*}=EP_{i,R,(2)*}+EP_{i,M,(2)*} \tag{5-8}$$

通过类似于命题5.1的证明，可以在第二种情景中推导出一个相似命题。

命题5.2： 情景二中，（1）对于所有的$i=1,2,\cdots,n$，新产品i有最大的$\bar{\mu}_{i,(2)}$，从而产生最大的$EP_{i,R,(2)*}$、$EP_{i,M,(2)*}$和$EP_{i,SC,(2)*}$。（2）对于所有的$i=1,2,\cdots,n$，新产品i有ρ_i的最大值，也就有最大的$EP_{i,R,(2)*}$、$EP_{i,M,(2)*}$和$EP_{i,SC,(2)*}$。

命题5.2的证明：（1）与命题5.1的证明相似，（2）直接观察问题性质，可以发现：如果在所有的$\rho_i\forall i=1,2,\cdots,n$，中$\rho_i$是最大的，那么$\bar{\mu}_{i,(2)}$也将是所有$\bar{\mu}_{i,(2)}$中最大的。这同命题5.2（1）一起证明了命题5.2（2）。

尽管情景二与情景一不同，但在情景二下，命题5.2（1）也可以得出一个非常相似的结论，即具有最高预期需求均值的新产品是最佳选择。此外，有与情景一相同的研究结果，情景二下的最优选择对于时尚零售商、制造商和整个时尚零售供应链系统都是最佳的。最有意思的是，在第二种情况下，基本上，只需要核实市场需求量大的产品i的分布概率ρ_i，ρ_i最大的产品i将是最佳选择。

本章在定理5.1中总结了命题5.1和命题5.2（1）的研究结果。

定理5.1： 情景一和情景二中，（1）对于所有$i=1,2,\cdots,n$，时尚零售商应该选择预期需求均值最高的（在阶段1）新产品i。（2）对于制造商和整个时尚零售供应链系统，这个最优新产品 i 也会是最好的选择。

请注意，虽然定理5.1（1）中的结论一目了然，但不应理所应当地认为基于预期需求均值的拟定规则一定适用于新产品选择问题。事实上，如果需求分布的变化不一样，且 $\mu_{i,H}$、$\mu_{i,L}$ 和 ρ_i 与情景一和情景二中的不同，那么定理5.1（1）的结论可能不成立。

5.5 数值分析

5.5.1 情景一

为了进行数值分析，主要有以下基本参数：$r=100$，$w=50$，$c=30$，$v=15$，$\sigma=20$，$\rho=0.6$。$\mu_{i,H}$ 和 $\mu_{i,L}$ 的值见表5-1。

从表5-2中可以直接找出不同产品的 $\bar{\mu}_{i,(1)}$ 值。

根据表5-2，产品3的预期需求均值 $\bar{\mu}_{i,(1)}$ 最大，所以它是时尚零售商为即将到来的销售季开发的最佳新产品。接下来，研究时尚零售商、制造商和时尚零售供应链的期望收益（与产品3相关）如何随着不同的重要模型参数的变化而变化。结果如图5-1 ~ 图5-5所示。

表5-1 情境一中 $\mu_{i,H}$ 和 $\mu_{i,L}$ 的值

参数	产品		
	1	2	3
$\mu_{i,H}$	100	90	110
$\mu_{i,L}$	60	70	50

表5-2 $\mu_{0,(1)}$ 的值

参数	产品		
	1	2	3
$\bar{\mu}_{i,(1)}$	84	82	86

从图5-1 ~ 图5-5，可以观察到一些明显的变化规律。本章用表5-3呈现出这些趋势。

从表5-5（见附录）和表5-3，可以看出引理5-2成立，其中 $EP_{i,M,(1)}*$ 在 σ 中递增，而 $EP_{i,R,(1)}*$ 和 $EP_{i,SC,(1)}*$ 在其中递减（请注意，与订购决策相关的库存服务水平大于0.5）。如果零售价 r 上涨，市场出清价格 v 上涨，批发价 w 降低，并且产品的制

造成本c降低，就可以从表5-3看出整个时尚零售供应链系统都将从中受益。此外可以看到，除了产品制造成本带来的影响外，对于研究的所有其他参数（表5-7～表5-9），时尚零售商和时尚零售供应链系统将从中受益，或以同样的方式因其他参数的变化而利益受损（如提高零售售价对时尚零售供应链系统和时尚零售商都有利）。但是对于制造商和时尚零售供应链来说，情况并非如此。例如，批发价格w的提高对制造商有利，但对时尚零售供应链不利。

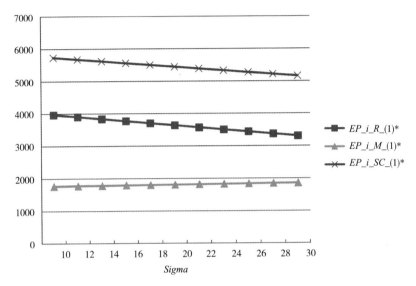

图5-1　情境一中$EP_{i,R}$、$EP_{i,M}$和$EP_{i,SC}$的值与σ

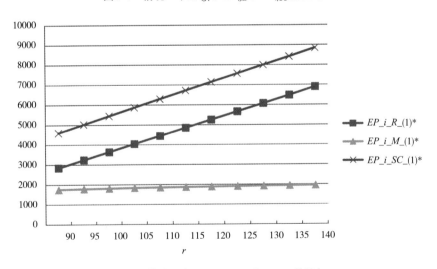

图5-2　情境一中$EP_{i,R}$、$EP_{i,M}$和$EP_{i,SC}$的值与r

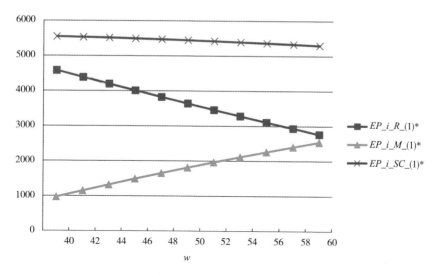

图5-3　情境一中EP_{i,R^*}、EP_{i,M^*}和EP_{i,SC^*}的值与w

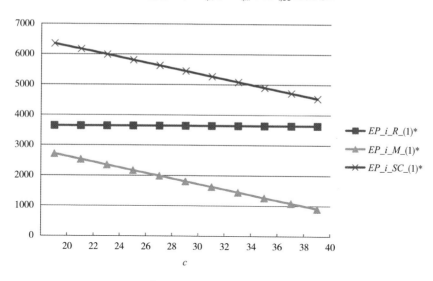

图5-4　情境一中EP_{i,R^*}、EP_{i,M^*}和EP_{i,SC^*}的值与c

5.5.2　情景二

与情景一相似，情景二的基本参数设定如下：$r=100$，$w=50$，$c=30$，$v=15$，$\sigma=20$，$\mu_H=100$，$\mu_L=70$。ρ_i的值见表5-6（见附录）。

结合命题5.2（2），从表5-4可以看出，产品6的ρ_i值最大，因此它是时尚零售

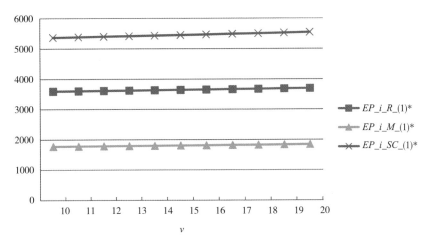

图5-5 情境一中$EP_{i,R}$、$EP_{i,M}$和$EP_{i,SC}$的值与v

表5-3 敏感性结果（适用于所有情况，库存服务水平>0.5）

参数	$EP_{i,R,(1)}*$	$EP_{i,M,(1)}*$	$EP_{i,SC,(1)}*$
$\sigma\uparrow$	↓	↑	↓
$r\uparrow$	↑	↑	↑
$w\uparrow$	↓	↑	↓
$c\uparrow$	–	↓	↓
$v\uparrow$	↑	↑	↑

（↑=增大；↓=减小；–=没有变化）

表5-4 ρ_i的值

参数	产品		
	4	5	6
ρ_i	0.5	0.6	0.7

商新产品的最优选择。对于敏感性分析的结果，因为结果显示的趋势与情景一中报告的趋势相同，在此不再重复分析。

5.6 结论

本章研究在两种不同情景下由单个制造商、单个零售商组成的两级时尚零售供应链中的新产品选择问题。本书假设的情况是，时尚零售商计划从一组特定选项中选择一种要供应的新产品。因为市场需求与未来的市场状况相关，而时尚零售商在选择新产品时，却没有足够的信息。因此假设每个候选新产品都存在两种截然不同的实际状况：一种代表市场预期需求高的情况，另一种代表市场预期需求低的情况。时尚零售商可以估算出高低市场需求的发生概率。根据这些信息，时尚零售商需要依据给定选项决定推出哪种新产品，以达到优化其期望收益的目的。

　　本书已在两种不同的情景中研究了这一问题。在情景一中，新产品的需求遵循两种市场状态，这两种市场状态取决于共同的外部因素（如金融股票市场）。所以金融股票市场走高或走低的概率与特定新产品的上市日期无关，因而假设所有新产品的市场需求分布出现高或低的概率是相同的，即使它们的具体需求分布在参数上有差异。在情景二中，考虑的情况是每个产品都有完全相同的高和低需求分布参数。然而，对于每种候选新产品，每种需求分布的发生概率是不同的。经过分析证明，时尚零售商可以通过找寻预期需求均值最高的产品来确定要推出的最优新产品。但在情景二下，只需确定新产品出现高需求分布（ρ_i）的概率，就足以确定最优新产品的选项，其中ρ_i最高的新产品将是最优选择。出乎意料的是，本书发现时尚零售商选择的最优新产品对制造商和整个时尚零售供应链系统来说也是最合适的，因此时尚零售供应链系统在最优新产品选择决策方面得到了协调。进行数值敏感性分析后发现，零售价格上涨、市场清仓销售价格上涨、批发价下降，以及产品制造成本下降后，整个时尚零售供应链系统都将受益。

　　作为一项长期的研究，由于新产品选择问题涉及一定风险，将风险分析纳入优化模型是一个重要的课题，值得深入探索（Choi，2013）。未来的另一个研究方向是将该模型扩展到更常见的情景中，例如，存在两种以上的市场状态，需求分布差异性更大和有更多的产品。此外，对于许多不同的新产品而言，它们的需求估计是很难精确的，因此本书认为模糊需求（Bellman和Zadeh，1970；Xu和Zadeh，2008；Ryu和Yucesan，2010）和区间唯一需求（Lin和Ng，2011）是一个值得进一步研究的有趣领域。

参考文献

Bellman, R.E. & Zadeh, L.A. (1970) Decision-making in a fuzzy environment. *Management Science*, 17, B141–B164.

Billington, C., Lee, H.L. & Tang, C.S. (1998) Successful strategies for product rollovers. *Sloan Management Review*, Spring April 15.

Caniato, F., Caridi, M., Moretto, A.Sianesi, A. & Spina, G. (2014) Integrating international fashion retail in to new product development. *International Journal of Production Economics*, 147, 294–306.

Choi, T.M. (ed.)(2012) Handbook of Newsvendor Problems: Models, Extensions and Applications, *International Series in Operations Research & Management Science*, Vol. 176,

Springer.

Choi, T.M. (2013) New fashion product selection under a mean-variance framework. Working paper, The Hong Kong Polytechnic University.

Choi, T.M., Li, D. & Yan, H. (2008) Mean-variance analysis for the newsvendor problem. *IEEE Transactions on Systems, Man, and Cybernetics – Part A*, 38, 1169–1180.

Kahn, K.B. (2002) An exploratory investigation of new product forecasting practices. *Journal of Product Innovation Management*, 19, 133–143.

Ke, T.T., Shen, Z.J.M. & Li. S. (2013) How inventory cost influences introduction timing of product line extensions. *Production and Operations Management*, 22(5), 1214–1231.

Lin, J. & Ng, T.S. (2011) Robust multi-market newsvendor models with interval demand data. *European Journal of Operational Research*, 212, 361–373.

Ryu, K. & Yucesan, E. (2010) A fuzzy newsvendor approach to supply chain coordination. *European Journal of Operational Research*, 200, 421–438.

Shen, W., Duenyas, I. & Kapuscinski, R. (2013) Optimal pricing, production, and inventory for new product diffusionunder supply constraints. *Manufacturing and Service Operations Management*, dx.doi.org/10.1287/msom.2013.0447.

Soldani, E., Rossi, M., Bandinelli, R. & Terzi, S. (2013) New product development process in fashion industry:Empirical investigation within Italian companies.In Product lifecycle management for Society – IFIP Advances in Information and Communication Technology, (Bernard, Rivest, & Duuta (eds.)) Vol. 409, Springer, pp. 481–490.

Thomassey, S. (2014) Sales forecasting in apparel and fashion industry: A review. In: *Intelligent Fashion Forecasting Systems: Models and Applications* (Choi ed.), Springer, pp. 9–27.

Wanke, P.F. (2008) The uniform distribution as a first practical approach to new product inventory management. *International Journal of Production Economics*, 114, 811–819.

Xu, R. & Zhai, X. (2008) Optimal models for single-period supply chain problems with fuzzy demand. *Information Sciences*, 178, 3374–3381.

附录　数据分析表

表5-5　情境一中$EP_{i,R}$、$EP_{i,M}$和$EP_{i,SC}$的值与σ

σ	$EP_{i, R, (1)}*$	$EP_{i, M, (1)}*$	$EP_{i, SC, (1)}*$
10	3969	1765	5734
12	3903	1774	5677
14	3837	1782	5619
16	3771	1791	5562
18	3705	1800	5505
20	3639	1809	5448
22	3572	1818	5391
24	3506	1827	5333
26	3440	1836	5276
28	3374	1845	5219
30	3308	1854	5162

表5-6　情境一中EP_{i,R^*}、EP_{i,M^*}和EP_{i,SC^*}的值与r

r	$EP_{i,R,(1)^*}$	$EP_{i,M,(1)^*}$	$EP_{i,SC,(1)^*}$
90	2844	1753	4597
95	3240	1783	5023
100	3639	1809	5448
105	4040	1833	5873
110	4444	1854	6298
115	4849	1874	6723
120	5257	1892	7149
125	5665	1909	7574
130	6075	1925	8000
135	6486	1939	8426
140	6899	1953	8852

表5-7　情境一中EP_{i,R^*}、EP_{i,M^*}和EP_{i,SC^*}的值与w

w	$EP_{i,R,(1)^*}$	$EP_{i,M,(1)^*}$	$EP_{i,SC,(1)^*}$
40	4574	968	5543
42	4382	1146	5528
44	4192	1319	5511
46	4005	1487	5492
48	3821	1650	5471
50	3639	1809	5448
52	3459	1964	5423
54	3282	2114	5395
56	3107	2259	5366
58	2934	2400	5334
60	2764	2536	5300

表5-8　情境一中EP_{i,R^*}、EP_{i,M^*}和EP_{i,SC^*}的值与c

c	$EP_{i,R,(1)^*}$	$EP_{i,M,(1)^*}$	$EP_{i,SC,(1)^*}$
20	3639	2714	6352
22	3639	2533	6171
24	3639	2352	5991
26	3639	2171	5810
28	3639	1990	5629

c	$EP_{i,R,(1)}^{*}$	$EP_{i,M,(1)}^{*}$	$EP_{i,SC,(1)}^{*}$
30	3639	1809	5448
32	3639	1628	5267
34	3639	1447	5086
36	3639	1266	4905
38	3639	1086	4724
40	3639	905	4543

表5-9　情境一中$EP_{i,R^{*}}$、$EP_{i,M^{*}}$和$EP_{i,SC^{*}}$的值与v

v	$EP_{i,R,(1)}^{*}$	$EP_{i,M,(1)}^{*}$	$EP_{i,SC,(1)}^{*}$
10	3589	1776	5365
11	3599	1782	5381
12	3608	1789	5397
13	3618	1795	5414
14	3628	1802	5430
15	3639	1809	5448
16	3649	1816	5466
17	3660	1824	5484
18	3671	1831	5502
19	3682	1839	5521
20	3693	1847	5541

第6章

时尚零售供应链信息系统项目的均值—风险分析

摘要

本章使用经典的均值—风险模型来评估时尚零售供应链管理的信息系统项目。具体而言，鉴于导致市场不确定性的原因不同（如利率和消费者需求），时装零售供应链管理信息系统的实施和运营带来的收益甚至成本都是高度不确定的。因此，时尚零售公司在评估这些信息系统项目时，必须同时考虑预期收益和风险。本书首先提出了两个用于进行收益和风险分析的相关模型，分别是经典的均值—方差模型和改进的均值—半方差模型。之后，书中讨论了安全第一目标模型，并说明了它与均值—方差模型的关系。基于所提出的模型，数值算例解释了模型的适用性和决策过程。此外，还讨论了与时尚零售供应链管理相关的信息系统组合。

关键词

信息系统管理、项目评估、收益和风险分析、均值—风险分析、安全第一目标

6.1 引言

在现代时尚零售供应链管理（FRSCM）中，计算机化信息系统发挥着至关重要的作用。例如，为了实施供应商管理的库存方案，零售商杰西·潘尼（JC Penney）和制造商好未来（TAL）都配备了电子数据交换（EDI）平台来共享信息。此外，好未来拥有自己的企业资源规划（ERP）系统（Hui等，2010）为各自的运营提供便利。在亚洲，李维斯（Levi's）实施了最先进的信息系统，以推动其在中国香港的运营（Choi等，2013）。

事实上，人们普遍认为，供应链管理的多功能计算机化信息系统可以缩短交付期、减少人为错误、缩短响应时间以及更好地利用信息（Yang等，2011），这

从根本上减少了许多方面的成本（如库存、运输和通信成本）。然而，信息系统项目因其超额预算和超支问题而不受待见。特别是较大规模的信息系统，如供应链管理信息系统和ERP系统（Bertolini等，2004），众所周知失败率很高，许多公司甚至因为缺乏财政资金而无法完成他们计划的项目（Laudon和Laudon，2012）。尤其是在时尚零售业，因为大多数时尚公司的规模相对较小，而信息系统是一项大投资（Choi等，2013）。对它们来说，信息系统项目风险很高❶。

毫无疑问，为确保时尚零售供应链管理信息系统的成功，一个周密的规划和项目评估方案至关重要。本章考察了经典均值—风险模型的使用，以及众所周知的安全第一目标方法，用来评估时尚零售供应链管理的信息系统项目。书中还提供了说明性的数值算例，以演示如何应用这些方法。

本章剩余部分的结构如下。6.2节为问题描述。6.3节是关于均值—方差的分析。而6.4节是关于均值—半方差的分析。6.5节研究了安全第一目标并强调了其与均值—变量分析的关系。6.6节专门讨论信息系统组合的应用，以确定时尚零售供应链管理信息系统项目的优先顺序。6.7节对本章进行了总结。

6.2　问题描述

本书以一家时尚零售商计划启动FRSCM信息系统项目为例，该项目有助于加强供应链管理运营，假设目前市场上有n个软件供应商可以提供所需的FRSCM信息系统。这些项目都是互斥的。这n个FRSCM信息系统软件供应商提供的FRSCM信息系统项目的期限相同（m年）。每个软件供应商准备了一份电子表格，显示与其拟议的FRSCM信息系统项目相关的未来现金流预测（$y_{ak}^{(i)}$为FRSCM信息系统项目i的净现金流，即k年预计的净现金流的结果a）。因为未来是不确定的，所以时尚零售商进一步对现金流（即净现金流的结果）进行预测，该现金流与未来每个项目以及可能出现的不同市场情况相关。本文用P_{ij}表示概率，代表软件供应商i提供的FRSCM信息系统项目产生结果j的可能性。具体来说，时尚零售商可以依据软件供应商i提出的FRSCM信息系统项目建立表6–1。

对于FRSCM信息系统项目i中的每个具体结果j，m年期内的净现金流可以组合起来，并由净现值$(NPV)x_{ij}$表示，而根据各自具体情况估算的市场利率，则用i_{ij}表示。具体结果如表6–2所示。

现在，对于每个FRSCM信息系统项目i，书中事先准备了改进后的表格，如表6–2所示。由于净现值结果存在不确定性，且通常情况下，存在一些负面结果，

---

❶　供应链管理相关的信息系统项目不仅对小规模的公司来说有风险，甚至像耐克这样的工业巨头也一样，多年前耐克也因实施需求规划系统而遭受损失。

表6-1　问题说明

概率	每年的净现金流
p_{i1}	第1年：$y_{11}^{(i)}$
	第2年：$y_{12}^{(i)}$
	…
	第m年：$y_{1m}^{(i)}$
p_{i2}	第1年：$y_{21}^{(i)}$
	第2年：$y_{22}^{(i)}$
	…
	第m年：$y_{2m}^{(i)}$
	…
p_{in}	第1年：$y_{n1}^{(i)}$
	第2年：$y_{n2}^{(i)}$
	…
	第m年：$y_{nm}^{(i)}$

表6-2　改进后的问题说明与NPV（净现值）

概率	净现金流的净现值（NPV）
p_{i1}	x_{i1}
p_{i2}	x_{i2}
…	…
p_{in}	x_{in}

所以研究中的FRSCM信息系统项目是有风险的。因而需要一个分析框架来帮助评估这些信息系统项目的风险和收益。

6.3　均值—方差分析

6.3.1　模型详情

按照经典的马科维茨（Markowitz）均值—方差框架（Markowitz，1959），对于每个调查的风险信息系统项目，本节计算了两项统计数据，预期收益[1]（即"均

---

[1] 本章的预期收益是指现金流的预期净现值，收益方差是指现金流的净现值的方差。请注意，这里的收益可为正，可为负。

值"）和收益方差（即"方差"）。这里，在均值—方差框架下，预期收益代表与项目相关的收益，而收益方差表示风险水平。在6.2节描述的问题中，对于每个FRSCM信息系统项目i，预期收益和收益方差如下所示：

表6-3　均值—方差

均值—方差	项目	项目2	...	项目n
预期收益	$\sum_{j=1}^{m} p_{1j}x_{1j}$	$\sum_{j=1}^{m} p_{2j}x_{2j}$	...	$\sum_{j=1}^{m} p_{nj}x_{nj}$
收益方差	$\sum_{j=1}^{m} p_{1j}(x_{1j}-\mu_1)^2$	$\sum_{j=1}^{m} p_{2j}(x_{2j}-\mu_2)^2$	...	$\sum_{j=1}^{m} p_{nj}(x_{nj}-\mu_n)^2$

预期收益：
$$\mu_i = \sum_{j=1}^{m} p_{ij}x_{ij}$$

收益方差：
$$\sigma_i = \sum_{j=1}^{m} p_{ij}(x_{ij}-\mu_i)^2$$

计算出所有预期收益和收益方差后，就可以得出表6-3。

依据表6-3，任何预期收益较低且收益方差较高的项目都会被称为劣质项目，这类项目占大多数。通常这些项目会被淘汰。其余的项目则被称为非劣质项目，它们是"均值—方差有效"项目。时尚零售商应该根据自己对预期收益和收益方差的偏好，从一组均—方差有效方案中选择一个最优方案。请注意，工程经济学对上述分析内容有深入的研究，还有各种其他设想和拓展。更多的讨论见Park和Sharp-Bette的研究（1990）。

6.3.2　示例一

假设一个时尚零售商拿到四个互不兼容的FRSCM信息系统，详细信息如表6-4所示。

表6-4　例1：问题说明（现金流以百万美元为单位计算）

概率	FRSCM信息系统项目1	FRSCM信息系统项目2	FRSCM信息系统项目3	FRSCM信息系统项目4
0.7	第0年：-10	第0年：-10	第0年：-10	第0年：-10
	第1年：5.5	第1年：5	第1年：3	第1年：5.5
	第2年：5.5	第2年：5	第2年：3	第2年：4
	第3年：5.5	第3年：5	第3年：3	第3年：5.5

概率	FRSCM 信息系统 项目1	FRSCM 信息系统 项目2	FRSCM 信息系统 项目3	FRSCM 信息系统 项目4
	第4年：5.5	第4年：5	第4年：3	第4年：4
0.3	第0年：–10	第0年：–10	第0年：–10	第0年：–10
	第1年：–4	第1年：–9	第1年：–9	第1年：–9
	第2年：–4	第2年：6	第2年：7	第2年：5.5
	第3年：4	第3年：6	第3年：7	第3年：6
	第4年：4	第4年：6	第4年：7	第4年：5.5

假如所有现金流和年份的利率都固定在5％，就可以找到每个结果的净现值。例如，对于FRSCM信息系统项目1，第一个结果的净现值等于：

$$-10 + \frac{5.5}{1+5\%} + \frac{5.5}{(1+5\%)^2} + \frac{5.5}{(1+5\%)^3} + \frac{5.5}{(1+5\%)^4} = 9.50$$

同样可以在所有其他项目中运用此方程，结果如表6–5所示。

表6–5 例1：结果的净现值（现金流以百万美元为单位计算）

概率	FRSCM 信息系统 项目1的NVP	FRSCM 信息系统 项目2的NVP	FRSCM 信息系统 项目3的NVP	FRSCM 信息系统 项目4的NVP
0.7	9.50	7.73	0.64	6.91
0.3	–10.69	–3.01	–0.42	–3.87

借助表6–5，可以计算出每个FRSCM信息系统项目的预期收益和收益方差，并建立表6–6。

表6–6 例1：预期收益和收益方差

收益—方差	FRSCM 信息系统 项目1	FRSCM 信息系统 项目2	FRSCM 信息系统 项目3	FRSCM 信息系统 项目4
预期收益（以百万美元为单位）	3.44	4.51	0.32	3.67
收益方差（以百万美元为单位）	85.64	24.22	0.23	24.42

从表6–6中，本书得出以下分析：

（1）比较FRSCM信息系统项目1、2和4可以看出，FRSCM信息系统项目1、4不如FRSCM信息系统项目2，且后者更具优势。因为项目1、4的预期收益更少；对于均值—方差模型下代表风险的收益方差，项目1、4的方差比项目2的更大。

（2）因为FRSCM信息系统项目2和3是非劣质项目，所以它们是均值—方差有效项目。具体地说，FRSCM信息系统项目2的预期收益比项目3的要大得多，相关的收益方差也是如此。因此，时尚零售商应该在FRSCM信息系统项目2和3之间做出选择。

（3）假设时尚零售商的预期收益目标为200万美元的净现值。那么，在 FRSCM信息系统项目2和3之间，只有FRSCM信息系统项目2满足该条件，所以时尚零售商的最优选择是FRSCM 信息系统项目2。

6.3.3 示例二

现在，设想另一种情况，一个时尚零售商拿到两个互斥的FRSCM信息系统项目，详细信息见表6-7。

与示例一类似，假设利率为5%，就可以找到每个项目下四种结果的净现值，并制定表6-8。

表6-7 例2：问题说明（现金流以百万美元为单位计算）

概率	FRSCM信息系统项目A	FRSCM信息系统项目B
0.3	第0年：−10	第0年：−10
	第1年：7	第1年：4
	第2年：7	第2年：4
	第3年：7	第3年：4
	第4年：7	第4年：4
0.3	第0年：−10	第0年：−10
	第1年：6	第1年：4
	第2年：6	第2年：4
	第3年：6	第3年：3
	第4年：6	第4年：4
0.2	第0年：−10	第0年：−10
	第1年：5	第1年：4
	第2年：5	第2年：4
	第3年：5	第3年：3
	第4年：5	第4年：4
0.2	第0年：−10	第0年：−10
	第1年：4	第1年：−4

概率	FRSCM信息系统项目A	FRSCM信息系统项目B
0.2	第2年：4 第3年：4 第4年：4	第2年：4 第3年：3 第4年：4

表6-8　例2：结果的净现值（现金流以百万美元为单位计算）

概率	FRSCM信息系统 项目A的NPV	FRSCM信息系统 项目B的NPV
0.3	14.82	4.18
0.3	11.28	3.32
0.2	7.73	3.32
0.2	4.18	−4.30

根据表6-8，继续计算每个FRSCM信息系统项目的预期收益和收益方差，得出表6-9。

表6-9　例2：预期收益和收益方差

收益—方差	FRSCM信息系统项目A	FRSCM信息系统项目B
预期收益（以百万美元为单位）	10.21	2.06
收益方差（以百万美元为单位）	15.21	10.23

根据表6-9，按照均值—方差决策框架，FRSCM信息系统项目A和B是非劣质项目。但这是否属实呢？假设任何负面的结果都被认为是不利的，任何正面的结果都是有利的。那么从表6-7和表6-8可以明显看出，无论是从个别现金流还是净现值的角度来看，FRSCM信息系统项目A在所有情况下都应该比FRSCM信息系统项目B更有优势。可是通过均值—方差分析会产生不同的建议。那么是我们判断错误还是均值—方差框架存在不足？其实书中的判断是正确的：FRSCM信息系统项目A确实比FRSCM信息系统项目B更有优势。问题来自均值—方差模型正常运作的一个必要条件：现金流在结果分布方面必须是对称的。具体来说，收益方差是衡量结果与均值（即预期收益）之间的离散程度的指标。然而，众所周知，只有当（部分）收益结果不利和不确定时，收益方差才会导致风险。根据定义，收益方差在有利的和不利的结果之间没有区别。因此，除非结果的分布（即"收益"）遵循对称分布，否则收益方差会局限于固有的理论，认为它既能体现有利结果的上行变量，又能体现不利结果的下行变量。所以，使用收益方差作为风险衡量标准还很不完善。特别是在示例二中，FRSCM 信息系统项目A的收益方差确实很大，但所有这些收益都

被归类为有利的结果。因此"良好结果"的方差不应被理解为风险。为了克服使用收益方差作为风险衡量标准的这一局限性，本书采用了后面要讨论的平均—半方差方法。

6.4　均值—半方差法

正如本章在第6.3节中所探讨的，"方差度量"有一个严重的局限。如示例二所示，均值—方差框架会给时尚零售商一个误导性的建议。改进的均值—方差模型可以快速解决这个问题，用一个叫作半方差的下行风险度量代替方差。FRSCM信息系统项目i的收益半方差定义如下：

$$sv_i = \sum_{j \in \Omega_{DS,i}(b)} p_{ij}(x_{ij} - b)^2$$

其中b是阈值，低于这个阈值的结果是不利的。$\Omega_{DS,i}(b)$是低于b的结果x_{ij}的集合，而下标DS表示下行。

显然，根据它的定义可以清楚地看到，sv_i只计算低于阈值b的下行收益（即现金流结果）的变化，因此它是一种更精确的风险度量标准。

如果本章采用均值—半方差方法来研究示例二，那么两个项目的均值与表6-9中的计算结果相同。对于半方差，本书设定$b=0$，得出以下内容：

对于FRSCM信息系统项目A：$sv_A=0$。

对于FRSCM信息系统项目B：$sv_b=0.2 \times (-4.30-0)^2=3.70$。

在表6-10中将这些数据进行了归纳。

根据表6-10，FRSCM信息系统项目A明显优于 FRSCM 信息系统项目B，因为A的预期收益要比B高得多，且A的收益半方差（衡量风险）也要比B低得多。补充一点，FRSCM信息系统项目A其实是一个无风险项目，因为其收益半方差为零。

请注意，均值—方差框架和均值—半方差框架都与马科维茨（Markowitz，1959）获得诺贝尔经济学奖的均值—方差投资组合管理理论密切相关。通常将基于均值—方差或均值—半方差的模型称为马科维茨均值—风险模型，它们已广泛应用于不同领域，如供应链系统中的库存管理（参见Choi和Chiu，2012a、2012b；Choi和2013；Li等，2013）。

表6-10　例2：预期收益和收益半方差

收益—半方差	FRSCM信息系统项目A	FRSCM信息系统项目B
预期收益（以百万美元为单位）	10.21	2.06
收益半方差（以百万美元的平方为单位）	0	3.70

6.5 安全第一目标

评估 FRSCM 信息系统项目的另一个常用方法就是安全第一目标法（Roy，1952；Choi等，2011；Choi等，2013a）。在安全第一目标法下，优化目标就是使遭受损失的概率最小，例如，如果某个小于β的结果是不利的，那么优化问题可以表述为：

$$\min_i P(NPV_i \leqslant \beta)$$

其中NPV_i是FRSCM信息系统项目i的结果。

例如，假设$\beta=0$，在示例二中，可以看到表6-11中的结果。所以安全第一目标下的最优项目显然是FRSCM信息系统项目A。

需要补充的是，安全第一目标是与均值—方差模型相关的一种概率度量。根据Roy（1952）和Choi等（2011）的研究，可知借助比安内梅—切比雪夫不等式，能得出以下内容。

$$P(|NPV_i - E[NPV_i]| \geqslant E[NPV_i] - \beta) \leqslant \frac{V[NPV_i]}{(E[NPV_i] - \beta)^2} \quad （6-1）$$

其中$E[\cdot]$是预期值，$V[\cdot]$是方差，$P(\cdot)$表示概率。

假设NPV按照对称分布，如正态分布或近似对称分布，式（6-1）大致如下，

$$P(E[NPV_i] - NPV_i \geqslant E[NPV_i] - \beta) \leqslant \frac{V[NPV_i]}{(E[NPV_i] - \beta)^2} \quad （6-2）$$

$$\Leftrightarrow P(NPV_i \leqslant \beta) \leqslant \frac{V[NPV_i]}{(E[NPV_i] - \beta)^2} \quad （6-3）$$

定义：

$$S(NPV_i) = \frac{V[NPV_i]}{(E[NPV_i] - \beta)^2} \quad （6-4）$$

从式（6-3）和式（6-4）中可以看出，$S(NPV_i)$是$P(NPV_i \leqslant \beta)$的上界，$P(NPV_i)$是用于安全第一目标的概率度量。因此，对于最优信息系统项目选择问题，当采用安全第一目标法时，实际上，可以采用式（6-3）的均值—方差方法来估算，其中$S(NPV_i)$的最小化意味着$P(NPV_i \leqslant \beta)$的上界的最小化。这是一个重要的结果，因为它将重要的均值—方差分析与安全第一目标分析联系起来。时尚零售商可以简单地按照均值—方差法计算预期收益和收益方差，然后将它们用于均值—方差分析和安全第一目标分析［计算每个项目i的$S(NPV_i)$］。

表6-11 数值示例2：预期收益和收益半方差

FRSCM	信息系统项目A	信息系统项目B
$P(NPV_i \leqslant 0)$	0	0.2

表6-12　与FRSCM相关的信息系统组合示例

收益分析	高风险	低风险
高预期收益	面向FRSCM的大型ERP系统	基于条形码的信息系统，具有增强的扫描操作（自动扫描）
低预期收益	用另一家软件公司开发的类似系统代替现有的商品销售系统，在功能和性能方面没有额外改进	软件升级

6.6　信息系统组合

　　基于均值—风险思维，本节可以通过简单的信息系统组合将FRSCM相关的信息系统项目划分为不同类型，其中考虑了风险水平和预期收益。表6-12展示了一个简单的信息系统组合，并以FRSCM相关的信息系统项目❶为例。

　　表6-12为时尚零售商提供了信息系统组合，供其决定首选哪一款。正如预期的那样，较大规模的系统项目，例如实施ERP系统，具有很高的风险，同时它们可能带来潜在高收益。因此，在时尚零售商决定继续实施这种大型信息系统项目之前，需要精心规划和精打细算。对于低风险低预期收益的信息系统项目，通常是指对现有的应用软件进行常规升级或更换机器设备。这是无风险的两种选择，但预期收益微乎其微。在所有四种分类信息系统项目中，最意外的是低风险高预期收益项目，因为时尚零售商应该优先考虑这个项目。正如表6-12显示，该示例是基于条形码的信息系统，操作更简便。毋庸置疑，条形码方案在时尚零售供应链管理中至关重要。它有助于减少人工错误，并为库存记录、运输概况等方面的数字化提供了一个必要工具。如果能进一步改进，或者公司从"无条形码方案"切换到"自动扫描条码方案"，那么潜在的好处是巨大的。因为条形码技术已经完善和成熟，且风险水平较低。最后，一些信息系统项目的更换可能不会带来任何实际的好处。通常，当公司的一些高级经理或董事个人支持某种信息系统，就会希望公司内每个人都采用这些信息系统（或者因为他们以前有使用这种信息系统的经验，这会提高他们自己的工作质量）。可是员工们要适应新的信息系统，总是要付出转换成本和学习成本的。所以，这种改变是不明智的，因为它带来的好处较少（只对少数人有利），但风险却很高（存在很多问题）。

---

❶　关于系统组合的一般概念，参见Laudon、Laudon（2006），第513页。

6.7 结论

信息系统是现代时尚零售供应链管理的重要组成部分。然而，多功能的信息系统成本高昂，在时尚零售供应链管理中实施较大规模的信息系统项目通常是有风险的。在这一章中，讨论了如何使用经典的均值—风险模型来评估时尚零售供应链管理的信息系统项目。具体地说，因为市场上各种不确定性因素，造成与时尚零售供应链管理信息系统相关的收益和运营成本非常不稳定。所以时尚零售商在评估这些时尚零售供应链管理信息系统相关项目的商业价值时，必须同时考虑预期收益和风险。

本章中探讨了两种相关的收益和风险的解析模型，即经典的均值—方差模型和改进的均值—半方差模型。它们都起源于马科维茨均值—方差投资组合理论。书中给出了分析细节，并通过数值算例说明了模型的适用性。本章还讨论了安全第一目标法，并说明了它与均值—方差模型之间的解析关系。此外，书中还介绍了如何利用信息系统组合来帮助时尚零售商确定信息系统项目的优先顺序。

参考文献

Bertolini, M., Bevilacqua, M., Bottani, E. & Rizzi, A. (2004) Requirements of an ERP enterprise modeler for optimally managing the fashion industry supply chain. The *Journal of Enterprise Information Management*, 17(3), 180–190.

Choi, T.M. (2013) Multi-period risk minimization purchasing models for fashion products with interest rate, budget, and profit target considerations. *Annals of Operations Research*, Doi: 10.1007/s10479-013-1453-x, in press.

Choi, T.M. & Chiu, C.H. (2012a) Mean-downside-risk and mean-variance newsvendor models: Implications for sustainable fashion retailers. *International Journal of Production Economics*, 135, 552–560.

Choi, T.M. & Chiu, C.H. (2012b) Risk analysis in atochastic supply chains. Vol. 178, Springer's International Series in Operations Research/Management Science.

Choi, T.M., Chiu, C.H. & To, K.M.C (2011) A fast fashion safety first inventory model. *Textile Research Journal*, 81, 819–826.

Choi, T.M., Chow, P.S., Kwok, B., Liu, S.C. & Shen, B. (2013a) Service quality of online shopping platforms: A case based empirical and analytical study. *Mathematical Problems in Engineering*, Doi: 10.1155/2013/128678, Article ID 128678.

Choi, T.M., Chow, P.S. & Liu, S.C. (2013b) Implementation of fashion ERP systems in China: Case study of a fashion brand, review and future challenges. *International Journal of Production Economics*, 146, 70–81.

Hui, P.C.L., Tse, K., Choi, T.M. & Liu, N. (2010) Enterprise resource planning systems for the textiles and clothing industry, In: Cheng, T.C.E. & Choi, T.M. (eds), Innovative Quick Response Programs in Logistics and Supply Chain Management, Springer.

Laudon, K.C. & Laudon, J.P. (2006) Management Information Systems: Managing the Digital Firms, 9th Ed, Prentice-Hall.

Laudon, K.C. & Laudon, J.P. (2012) Management Information Systems, 12th Ed, Prentice-Hall.

Li, J., Choi, T.M. & Cheng, T.C.E (2013) Mean-variance analysis of two-echelon fast fashion supply chains with returns contract. *IEEE Transactions on Systems, Man and Cybernetics – Systems*, Doi: 10.1109/TSMC.2013.2264934, published online.

Markowitz, H.M. (1959) *Portfolio Selection: Efficient Diversification of Investment*. John Wiley & Sons, New York.

Park, C.S. & Sharp-Bette, C.P. (1990) *Advanced Engineering Economics*. John Wiley & Sons, Canada.

Roy, A.D. (1952) Safety first and the holding of assets. *Econometrica*, **20**(3), 431–449.

Yang, D., Choi, T.M., Xiao, T. & Cheng, T.C.E. (2011) Coordinating a two-supplier and one-retailer supply chain with forecast updating. *Automatica*, 47, 1317–1329.

第7章
时尚零售供应链管理——结束语

摘要

时尚零售供应链管理是一个极其重要的话题。在这最后一章中，首先简要总结了核心的管理见解和启示。之后，提出了一些可行的模型拓展。特别是将有效的客户响应系统应用到快时尚系统，在今后的研究中，这会是一个有无限可能的重要领域。最后，讨论了这本书尚未涉及的几个领域，包括品类领队、风险管理、技术—运营结合、可持续性和大规模定制，为时尚零售供应链管理的未来研究提供参考。

关键词

管理见解、未来研究、时尚零售供应链管理、客户服务、库存管理、有效客户响应、新产品开发、均值—风险分析

本书通过优化分析法，探讨了几个与时尚零售供应链管理相关的实时课题。在这个总结性的章节中，对核心的管理见解进行归纳，并展望了未来的研究方向。

7.1 管理见解

本节简要介绍一些核心的管理见解。

（1）客户服务管理（Thirumalai和Sinha，2005）在时尚零售供应链中至关重要。分析表明，在分散式时尚零售供应链中使用纯批发定价合同，最佳零售客户服务水平低于时尚零售供应链系统的最优客户服务水平。因此，采用纯批发定价合同的分散式时尚零售供应链效率不是最高的。可以采用基于"批发定价和收益共享方案"的寄售合同来协调时尚零售供应链系统，实现上游供应商、下游时尚零售商和消费者共同受益的共赢局面。

（2）由于双重边际效应，基于EOQ模式和基于报童问题模式下的时尚零售供应链在分散决策下不会自行协调。为了进行协调，可以采用降价、寄售等措施激励协调合同。

（3）有效客户响应系统对时尚零售商有利。然而，它对制造商和消费者是否有利，取决于消费者的福利系数。如果消费者福利系数足够小，有效消费者反应策略就会形成一个多方共赢的局面，即时尚零售商、制造商、消费者和整个时尚零售供应链都会受益；否则，有效客户响应系统会损害制造商和消费者的利益。最后，可以设定一个简单的降价合同，以协调时尚零售供应链与有效客户响应系统。

（4）新产品开发是时尚零售业的一种常见做法（Caniato等，2014）。对于新产品的选择问题，经分析表明，时尚零售商应该在候选新产品中选择预期需求均值最高的。出乎意料的是，这种特定的最佳新产品不仅是时尚零售商的最优选择，也是制造商和整个时尚零售供应链系统的最优选择。另外，关于新品的供应，零售价越高，清仓价越高，批发价越低，或者产品的制造成本越低，整个时尚零售供应链系统都会获得更高的预期利润。

（5）对于时尚零售供应链管理（FRSCM）信息系统项目的评估，均值—方差法提供了一个便利、系统的框架来进行收益和风险分析。在均值—方差法无法发挥作用的情况下[1]，均值—半方差方法可以是一个很好的选择。此外，安全第一目标法也很有用。值得注意的是，安全第一目标模型和均值—方差模型密切相关。时尚零售商可以计算涉及现金流的"均值"和"方差"，并采用（近似）安全第一目标法和均值—方差法。

根据上面讨论的观点及本书的其他研究结果，在表7-1中总结几个简略的问题以及每个课题的管理启示。

表7-1 从见解中获得的管理启示

课题	问题	管理启示
	绩效指标	量化绩效指标对于客户服务控制和改进至关重要
	RSQS模型	该概念模型有助于考察时尚零售客户服务
客户服务管理	协调挑战	寄售合同可以实现多方共赢协调
	戴明的质量管理框架	戴明的十四要点为改善客户服务提供了重要指导
库存模型和协调	EOQ和报童模型	它们都很重要，有利于构建时尚零售供应链管理的分析模型

---

[1] 如果现金流或收益的分布不是按照对称分布，意味着"方差"不是衡量风险的好办法，那么均值—方差法就不能很好地发挥作用。尤其是在非对称现金流分布的情况下，上行变量太多而下行变量太少，那么该方法的效果就不容乐观。

课题	问题	管理启示
库存模型和协调	协调问题	在一个简单的纯批发定价合同下，基于这两个模型的分散供应链本身并不是最优的。为了协调时尚零售供应链，需要制定激励协调方案
有效客户响应	利益	有效客户响应系统对于时尚零售商总是有利的，但对制造商和消费者却不一定。因而制造商和消费者也许有理由对此感到不愉快
	多方共赢	有效客户响应系统创造了一种多方共赢的局面，即当且仅当消费者福利系数足够小时，时尚零售商、制造商、消费者和整个时尚零售供应链都会受益。换言之，不能想当然地认为双赢局面会一直出现
	协调	有效客户响应系统下的协调类似于传统库存模型的情况：简单的降价合同就能实现协调
新产品开发	问题的随机性	新产品开发是一个随机问题，不仅涉及通常假设的简单需求分布。另外，它可以是两阶段（就时间点而言）模型
	简单决策规则	探讨新产品的选择问题的过程中，时尚零售商应该从新产品的候选中选择预期平均需求最高的产品。这是一个简单又直观的决策规则
	协调	新产品的最优选择对于时尚零售商、制造商和整个供应链系统都是最优的。因此，时尚零售供应链系统会自动根据该最优决策进行协调
信息系统项目的均值—风险分析	均值—方差模型	均值—方差模型为时尚零售供应链管理信息系统项目的均值风险分析提供了一个很好的工具。此外，还能将它们运用于安全第一目标法
	均值—半方差模型	在某些情况中，相关的现金流遵循不对称分布，那么均值—方差法的效果就会不佳，此时均值—半方差法能帮助改善情况
	信息系统组合	这是一个"便捷"的分类方案，可根据风险水平和预期收益对项目进行优先排序。该工具能让高级管理人员和主管将可用的项目选项可视化，因此非常实用

7.2　未来研究方向

请注意，根据以上结论，可以发现一些有待深入探索的领域。例如：

（1）更普遍的时尚零售供应链系统：书中探讨的模型相对简单。在这里是适宜的，因为它有助于推导分析闭合式结果，而且简单的模型对本书读者来说更容易理解。然而，从研究的角度来看，探索更复杂、更普遍的时尚零售供应链是必然的。例如，可以探索更长的（N级）供应链系统（van der Rhee等，2010），可以研究多周期模型，还可以考虑时尚零售供应链系统中的竞争效应。一般来说，更复杂的供应链需要更复杂的供应合同来协调。因此，混合供应链激励契约的设计（Chiu等，2011）将是未来一个重要的研究领域。

（2）快时尚系统：本书探讨了有效消费者反应（ECR）策略。快时尚系统（Choi，2014）是一个比ECR更先进的系统，既是一个重要的产业趋势（Bhardwaj和Fairhurst，2010），也是供应链分析的一个很好的研究课题。因此，通过将改进的设计（Cachon和Swinney，2011）、最小订货量（Chow等，2012）、品牌元素（Choi等，2010）和物流要求（Cagliano等，2010）等模型特点纳入ECR模型，可以对快时尚战略进行全面探讨，揭示其如何影响时尚零售供应链的运营和策略选择。

（3）基于RSQS的客户服务管理的随机模型：第二章探讨了确定性环境下时尚零售供应链系统的客户服务管理问题。然而，在一个充满不确定性的市场中，时尚零售供应链总体上是一个动态系统。因此，未来的研究可以在随机环境下探索与RSQS模型相关的客户服务管理问题。

除了这些课题，在时尚零售供应链管理领域还有一些未充分探索的课题，有待在未来进行研究。以下为部分内容：

（1）品类领队：在零售业中，品类领队指的是在特定品类中处于领先地位的品牌，帮助零售商规划视觉营销，并为相应的品类做出许多其他的经营决策。在时尚服装方面，据报道，VF公司在牛仔裤产品类别中担任许多零售商的品类领队（Kurtulus和Toktay，2009）。VF公司的职能包括就其零售商合作伙伴的牛仔裤类别的库存和分类计划提供建议等。请注意，品类领队与其他供应商之间甚至与零售合作伙伴之间都存在固有的利益冲突。品类领队机制对消费者和竞争的非负责人供应商是有害还是有利，也是一个有争议的问题。争论主要集中在品类可能出现"垄断"，因为品类领队的指令有可能造成更高的价格和更少的选择（随着竞争程度的下降）。因此，在公平贸易和反垄断相关问题的要求下，品类领队的参与受到了挑战（Desrocher等，2003）。毫无疑问，这个问题在时尚零售供应链管理中还是一个相对较新的问题，还没有文献对此进行深入探讨。因此，它是未来研究中一个极具前景的领域。

（2）风险管理：时尚行业的商业运营面临着各种风险（Vaagen和Wallace，2008；Choi和Chiu，2012a）。例如，存在需求风险、供应风险、汇率风险、国际贸易壁垒风险、政治不稳定的风险等。因此，除了本书在第6章讨论的时尚零售业供应链管理信息系统项目的均值—风险分析外，对于时尚零售供应链中许多其他方面的运营，也有必要采取适当的风险管理。因此，风险管理的话题为未来的实证研究和分析研究提供了大量的研究机会（Markowitz，1959；Olson和Wu，2011；Choi和Chiu，2012b；Dekker等，2013；Shen等，2013；Yu和Goh，2014）。

（3）技术—运营结合：如今，RFID 等信息技术（Szmerekovsky和Zhang，2008；Choi，2011；Chan等，2012）在时尚零售供应链中发挥着至关重要的作用。这些技术工具给时尚零售供应链系统带来的利弊仍未被充分了解。关于时尚零售商所采用的技术的最优水平这一话题，仍值得进一步探索。此外，从管理的角度来看，时尚零售商如何引领信息技术在时尚零售供应链中的部署是一个需要进一步研究的重要领域。

（4）可持续性问题：如今，可持续性是一个非常重要和实时的问题（Choi和Chiu，2012a）。对于时尚零售供应链管理而言，如何既考虑环境可持续性、经济可持续性和消费者福利，又能更好地平衡和实现最佳供应链是很关键的（Tang和Zhou，2012）。不同的渠道带来的影响都是巨大的（Choi等，2013）。政府制定的规章也对可持续性问题产生了很大影响。因此，时尚零售供应链系统的可持续性问题又是另一个值得深入探索的领域。

（5）大规模定制：在时尚零售中，大规模定制是一种常见办法（Liu等，2012；Choi，2013）。然而，需要注意的是，这种方法会成功也会失败。例如，在过去几年中，许多大型时尚零售商停止了大规模定制计划（至少暂时停止）。但是也有许多时尚零售店正在启动或扩大大规模定制方案，例如，耐克的*NIKEiD*计划最近已扩大到了中国香港（Yeung和Choi，2011），以及阿迪达斯、路易·威登（LV）、保罗·拉夫劳伦（Polo Ralph Lauren）、巴宝莉（Burberry）、布克兄弟（Brooks Brothers）等都提供大规模定制服务。因此，时尚零售供应链系统中的运营问题可能对大规模定制方案的成功起着决定性的作用。这需要新的研究来了解真相并解释它们各自的管理见解。

表7-2总结了前面提出的未来研究课题、研究问题和一些相关参考文献。

表7-2　未来研究课题、问题以及相关文献

课题	研究问题	相关文献
更通用的时尚零售供应链系统	研究更复杂的时尚零售供应链系统和供应契约将得出更多的结论，但在技术上，分析会更具挑战性	van der Rhee等（2010），Chiu等（2011），He、Zhou（2012），Schmitt、Singh（2012），Choi 等（2013），Li等（2013），Pan和Ngai（2013）
快时尚系统	构建各式各样的快时尚系统的模型有助于进一步了解当下的产业实践	Bhardwaj和Fairhurst（2010），Cachon、Swinney（2011），Cagliano等（2011），Li等（2013），Choi（2014）

续表

课题	研究问题	相关文献
基于RSQS的客户服务系统的随机模型	客户服务策略带来的影响通常是随机的。构建和研究基于RSQS的随机时尚零售客户服务模型能产生许多新看法	Swaminatchan和Srinivan（1999），Xiao等（2012）
品类领队	通过分析展示出品类领队的优缺点	Desrochers等（2013），Bandyopadhyay等（2009），Kurtulus和Tokay（2009）
风险管理	时尚零售供应链系统的战略和运营风险管理方案	Martinez-de-Albeniz和Simchi-Levi（2006），Wei和Choi（2010），Wu和Olson（2010），Choi和Chiu（2012b），Olson和Wu（2011），Dekker等（2013），Shen等（2013），Yu和Goh（2014）
技术—运营结合	时尚零售供应链系统中技术采用水平的最优水平和以零售商为主导的技术开发方案	Thirumalai和Sinha（2005），Szmerekovsky和Zhang（2008），Chan等（2012），Fan等（2014）
可持续性问题	时尚零售供应链系统的可持续性	Choi和Chiu（2012a），Tang和Zhou（2012），Brandenburg等（2014）
大规模定制	发现大规模定制时装成功的关键因素	Labarthe等（2007），Yao和Liu（2009），Liu等（2012），Choi（2013）

参考文献

Agrawal, N. & Smith, S.A. (2009) Retail supply chain management: Quantitative models and empirical studies. *International Series in Operations Research & Management Science*, Vol. 122, Springer.

Bandyopadhyay, B., Rominger, A. & Basaviah, S. (2009) Developing a framework to improve retail category management through category captain arrangements. *Journal of Retailing and Consumer Services*, 16(4), 315–319.

Bhardwaj, V. & Fairhurst, A. (2010) Fast fashion: Response to changes in the fashion industry. *The International Review of Retail, Distribution and Consumer Research*, 20, 165–173.

Brandenburg, M., Govindan, K., Sarkis, J. & Seuring, S. (2014) Quantitative models for sustainable supply chain management: Developments and directions. *European Journal of Operational Research*, 233(2), 299–312.

Cachon, G.P. & Swinney, R. (2011) The value of fast fashion: Quick response, enhanced design, and strategic consumer behavior. *Management Science*, 57, 778–795.

Cagliano, A.C., DeMarco, A. & Rafele, C. (2011) Using system dynamics in warehouse management: A fast fashion case study. *Journal of Manufacturing Technology Management*, 22, 171–188.

Caniato, F., Caridi, M., Moretto, A., Sianesi, A. & Spina, G. (2014) Integrating international fashion retail into new product development. *International Journal of Production Economics*, 147, 294–306.

Chan, H.L., Choi, T.M. & Hui, C.L. (2012) RFID versus bar-coding systems: Transactions errors in health care apparel inventory control. *Decision Support Systems*, 54, 803–811.

Chiu, C.H., Choi, T.M. & Tang, C.S. (2011) Price, rebate, and returns supply contracts for coordinating supply chains with price dependent demand. *Production and Operations Management*, 20, 81–91.

Choi, T.M. (2013) Optimal return service charging policy for a fashion mass customization program. *Service Science*, 5, 56–68.

Choi, T.M. (2011) Coordination and risk analysis in VMI supply chain with RFID technology. *IEEE Transactions on Industrial Informatics*, 7, 497–504.

Choi, T.M. (ed.). *Fast Fashion Systems: Theories and Applications*. CRC Press, 2014.

Choi, T.M. & Chiu, C.H. (2012a) Mean-downside-risk and mean-variance newsvendor models: Implications for sustainable fashion retailers. *International Journal of Production Economics*, 135, 552–560.

Choi, T.M., Chiu, C.H. (2012b) Risk Analysis in Stochastic Supply Chains. Vol. 178, *Springer's International Series in Operations Research/Management Science*.

Choi, T.M., Li, Y. & Xu, L. (2013) Channel leadership, performance and coordination in closed loop supply chains. *International Journal of Production Economics*, 146, 371–380.

Choi, T.M., Liu, N., Liu, S.C., Mak, J. & To, Y.T. (2010) Fast fashion brand extensions: Consumer behaviours and preferences. *Journal of Brand Management*, 17, 472–487.

Choi, T.M. & Sethi, S. (2010) Innovative quick response programmes: A review. *International Journal of Production Economics*, 127, 1–12.

Chow, P.S., Choi, T.M. & Cheng, T.C.E. (2012) Impacts of minimum order quantity on a quick response supply chain. *IEEE Transactions on Systems, Man, and Cybernetics – Part A*, 42, 868–879.

Dekker, H.C., Sakaguchi, J. & Kawai, T. (2013) Beyond the contract: Managing risk in supply chain relations. *Management Accounting Research*, 24(2), 122–139.

Desrochers, D.M., Gundlach, G.T. & Foer, A.A. (2003) Analysis of antitrust challenges to category captain arrangements. *Journal of Public Policy and Marketing*, 22, 201–215.

Fan, T.J., Chang, X.Y., Gu, C.H., Yi, J.J. & Deng, S. (2014) Benefits of RFID technology for reducing inventory shrinkage. *International Journal of Production Economics*, 147(C), 659–665.

He, Y. & Zhao, X. (2012) Coordination in multi-echelon supply chain under supply and demand uncertainty. *International Journal of Production Economics*, 139(1), 106–115.

Kurtulus, M. & Toktay, L.B. (2009) Category captainship practices in the retail industry. In Agrawal and Smith (eds.). *Retail Supply Chain Management: Quantitative Models and Empirical Studies*, Springer, 79–98.

Labarthe, O., Espinasse, B., Ferrarini, A. & Montreuil, B. (2007) Toward a methodological framework for agent-based modelling and simulation of supply chains in a mass customization context. *Simulation Modelling Practice and Theory*, 15(2), 113–136.

Li, J., Choi, T.M. & Cheng, T.C.E. (2013) Mean-variance analysis of two-echelon fast fashion supply chains with returns contract. *IEEE Transactions on Systems, Man and Cybernetics – Systems*, Doi: 10.1109/TSMC.2013.2264934, published online.

Liu, N., Choi, T.M., Yuen, M. & Ng, F. (2012) Optimal pricing, modularity and return policy under mass customization. *IEEE Transactions on Systems, Man, and Cybernetics, Part A*, 42, 604–614.

Markowitz, H.M. (1959) Portfolio Selection: Efficient Diversification of Investment, John Wiley & Sons, New York.

Martinez-de-Albeniz, V. & Simchi-Levi, D. (2006) Mean-variance trade-offs in supply contracts.

Naval Research Logistics, 53(7), 603–616.

Olson, D.L. & Wu, D.D. (2011) Risk management models for supply chain: A scenario analysis of outsourcing to China. *Supply Chain Management: An International Journal* 16(6): 401–408.

Pal, B., Sana, S.S. & Chaudhuri, K. (2012) A multi-echelon supply chain model for reworkable items in multiple-markets with supply disruption. *Economic Modelling*, 29(5), 1891–1898.

Pan, F. & Nagi, R. (2013) Multi-echelon supply chain network design in agile manufacturing. *Omega*, 41(6), 969–983.

Schmitt, A.J. & Singh, M. (2012) A quantitative analysis of disruption risk in a multi-echelon supply chain. *International Journal of Production Economics*, 139(1), 22–32.

Shen, B., Choi, T.M., Wang, Y. & Lo, C.K.Y. (2013) The coordination of fashion supply chains with a risk averse supplier under the markdown money policy. *IEEE Transactions on Systems, Man, and Cybernetics: Systems*, 42(3): 266–276.

Swaminathan, J.M. & Srinivasan, R. (1999) Managing individual customer service constraints under stochastic demand. *Operations Research Letters*, 24(3), 115–125.

Szmerekovsky, J.G. & Zhang, J. (2008) Coordination and adoption of item-level RFID with vendor managed inventory. *International Journal of Production Economics*, 114, 388–398.

Tang, C.S. & Zhou, S. (2012) Research advances in environmentally and socially sustainable operations. *European Journal of Operational Research*, 223(3), 585–594.

Thirumalai, S. & Sinha, K.K. (2005) Customer satisfaction with order fulfillment in retail supply chains: Implications of product type in electronic B2C transactions. *Journal of Operations Management*, 23, 291–303.

Vaagen, H. & Wallace, S.W. (2008) Product variety arising from hedging in the fashion supply chains. *International Journal of Production Economics*, 114, 431–455.

van der Rhee, B., van der Veen, J.A.A., Venugopal, V. & Nalla, V.R. (2010) A new revenue sharing mechanism for coordinating multi-echelon supply chains. *Operations Research Letters*, 38(4), 296–301.

Wei, W. & Choi, T.M. (2010) Mean-variance analysis of supply chains under wholesale pricing and profit sharing scheme, *European Journal of Operational Research*, 204(2), 255–262.

Wu, D. & Olson, D.L. (2010) Enterprise risk management: Coping with model risk in a large bank. *Journal of the Operational Research Society*, 61(2), 179–190.

Xiao, T., Choi, T.M., Yang, D. & Cheng, T.C.E. (2012) Service commitment strategy and pricing decisions in retail supply chains with risk-averse players. *Service Science*, 4(3), 236–252.

Yao, J. & Liu, L. (2009) Optimization analysis of supply chain scheduling in mass customization. *International Journal of Production Economics*, 117(1), 197–211.

Yeung, H.T. & Choi, T.M. (2011) Mass customization in the Hong Kong apparel industry. *Production Planning and Control*, 22, 298–307.

Yu, M.C. & Goh, M. (2014) A multi-objective approach to supply chain visibility and risk. *European Journal of Operational Research*, 233(1), 125–130.